対日直接投資は
なぜ世界で最も低水準なのか

―ベイズモデル平均化法による考察―

清田　耕造

三菱経済研究所

謝辞

　本書を執筆する上で，多くの方のお力添えを頂きました．まず，本書を執筆する機会をくださった慶應義塾大学の寺田公子教授，そして公益財団法人三菱経済研究所の皆様に感謝を申し上げます．特に，杉浦純一常務理事には原稿を丁寧にお読み頂き，本書の内容の改善につながる貴重なコメントを頂きました．また，京都大学の神事直人教授との議論は，本書の分析を深める上でとても有益でした．学習院大学の滝澤美帆教授からは本書の図 1.6 と図 1.7 のデータをご共有頂きました．本書の分析は，科学研究費（22K18535）の支援を得たものです．記して謝意を表します．言うまでもなく，本書に残る全ての誤りは筆者に帰するものです．なお，本書では，参考文献リストを作成する上で，京都産業大学の武田史郎教授が開発された経済学用 BibTeX スタイルファイルの jecon.bst を使用しています．

　2023 年 4 月 19 日

両親の健康長寿を願って　清田耕造

目　　次

第 1 章　なぜいま対日直接投資か

1.1　外資系企業にとって最も魅力のない国

　本書は，日本に対する直接投資に注目したものである．直接投資とは，ある国の企業が現地法人を設立したり，既存の外国企業の株式の一定以上の割合を取得したりして，その経営に参加するために行う国際資本移動を意味しており，グリーンフィールド（新規）投資（greenfield investment）あるいは合併・買収（merger and aquisition: M&A）を通じた外国企業の国内への進出を指す．これに対し，資産運用を目的として行われる国際的な証券投資（portfolio investment）や銀行貸し付けは間接投資と呼ばれる．間接投資は，直接投資とは異なり，経営への参画を意味しない．なお，直接投資の中でも自国から外国に対する投資は対外直接投資（あるいは海外直接投資），逆に外国から自国に対する投資は対内直接投資と呼ばれる．このうち，外国から日本に対する対内直接投資は対日直接投資と呼ばれている．

　国連の組織の一つである国連貿易開発会議の発表によれば，2020 年，日本の国内総生産（gross domestic product: GDP）に占める対内直接投資額は 4.9％であり，世界 201 か国中 198 位だった (UNCTAD, 2021)[1]．この比率が 198 位ということは，日本は外資系企業のプレゼンスが世界の中でも極めて低い国であることを表している．言い換えれば，こ

---

[1] 厳密には，この直接投資額はストックの投資額，つまり過去から 2020 年までの累積の投資額である．これに対し，それぞれの年の投資額はフローの投資額と呼ばれる．

　の結果は，経済の規模を考慮すると，外資系企業にとって日本は世界で最も閉鎖的な国，あるいは最も魅力のない国の一つであることを示唆している．

　図1.1は各国の対内直接投資・GDP比率をまとめたものである．この図より，イギリスが81.5％，アメリカが51.3％，フランスが37.2％，ドイツが27.9％と日本のそれを大きく上回っていることがわかる．また，韓国と中国もそれぞれ16.2％，13.0％となっており，日本の倍以上の比率になっていることがわかる．

　ここで，対日直接投資が小さいと言ってもそれは，100％出資や50％を超える過半数出資（majority-ownership）が少ないだけであり，50％を超えない出資での進出は大きいのではないかと指摘する人もいるかもしれない．しかし，UNCTAD (2021) の注意書き（Methodological Note）

図1.1　各国の対内直接投資・GDP比率，2020年

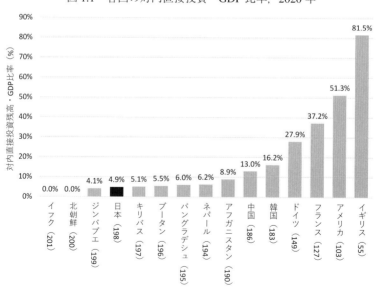

注：直接投資は残高（ストック）にもとづく．国名の下の括弧内の数字は順位．
出所：UNCTAD (2021) にもとづき筆者作成．

によれば，UNCTAD (2021) は，出資比率 10％を基準として，それを超える外国からの投資を直接投資として計上している．言い換えれば，UNCTAD (2021) の統計は 50％未満の低い出資比率による外国企業の参入も考慮していることになる．このため，上記のような指摘は必ずしも当てはまらない．

　もちろん，対内直接投資・GDP 比率が高ければ良いというものではない．また，日本企業が十分な製品・サービスを提供できていると言えるのかもしれない．それでも，221 か国中 198 位は先進国で断トツの最下位であり，いくら何でも低すぎるだろう．ちなみに，199 位はジンバブエ（4.1％），200 位は北朝鮮（0.01％），201 位はイラク（0％）である．目を疑いたくなるような結果である．

1.2　対日直接投資はなぜ重要か

　そもそも対日直接投資は日本経済にとって重要なのだろうか．例えばもし対日直接投資にメリットがあるとしても，デメリットがそれを上回るようなら，対日直接投資は低いままの方が望ましいということになる．このため，本節では，対内直接投資のメリットとデメリットをこれまでの研究にもとづき整理したい[2]．

　まず，メリットとしては次の 5 点が挙げられる．
 1. 資源配分の効率化を通じた経済厚生の上昇
 2. 資本蓄積を通じた経済成長
 3. 企業の参入を通じた雇用の維持・創出
 4. 新しい技術・ノウハウのスピルオーバーを通じた生産性向上

---

[2] なお，本書では，個々の企業の事例についてではなく，一国全体のマクロレベルの対日直接投資に注目する．個々の企業レベルの事例については経済産業省貿易経済協力局投資促進課 (2023) を参照して欲しい．そこでは，対日直接投資の中でも M&A に注目し，その効果や課題について具体的な事例が紹介されている．

5. 新しい財・サービスの提供による消費者の効用拡大

第一に，資源配分の効率化を通じた経済厚生の上昇である．ここで経済厚生とは一国全体で見た経済的な意味での人々の満足度を意味している．国際間の資本移動を通じて資本がより効率的に活用されれば，投資を受け入れることで経済厚生が上昇することになる[3]．第二に，資本蓄積を通じた経済成長である．外資系企業か日本企業かに関わらず，企業が投資を行えば，資本が蓄積されることになる．例えば，企業が工場の設備に投資を行えば，その工場がより充実したものになる．このため，資本蓄積は生産の拡大へとつながる．結果として，対日直接投資によって，経済成長にプラスの効果が期待される．経済厚生をデータで直接把握することは難しいが，経済成長率についてはデータで把握することができる．このため，直接投資と経済成長の関係については数多くの研究が行われており，Iamsiraroj (2016) による最近の研究でも，多くの国で直接投資が経済成長に寄与していることが確認されている．

第三に，企業の参入を通じた雇用の維持・創出である．例えば，外資系企業が日本に新規に法人を設立すると，新たな雇用が生まれることになる[4]．また，外資系企業が日本企業を買収し，その買収された企業が業績を改善することで，新たな雇用を生み出すということも考えられる．この外資系企業が国内の雇用創出に寄与している点については，深尾・権 (2012) の研究で確認されている．

第四に，新しい技術・ノウハウを通じた生産性向上である．外資導入により，新しい技術や経営ノウハウが日本企業へと波及することで，生産性が向上する効果が期待できる．外資の出資を受けた企業の生産性が

---

[3] 直接投資が経済厚生に及ぼすメカニズムの説明はやや教科書的になるため補論 1.A で説明する．

[4] 本書は主に国レベルの分析を行うため，企業レベルの分析については結果の紹介にとどめるが，企業レベルの分析ではそもそもどのような企業を外資系企業とみなすかも重要な点である．この詳細については，第 1 章補論 1.B で議論する．

向上するという点は，Fukao and Murakami (2005)，Fukao et al. (2005)，Kimura and Kiyota (2007)，Fukao et al. (2008)，渡邉 (2021) など数多くの研究で確認されている．このため，外資参入に伴う生産性向上の効果は，かなり強く期待できると言えるだろう[5]．

　そして第五に，新しい財・サービスの提供による消費者の効用拡大である．ここで効用とは個々人の満足度を意味している[6]．外資系企業が日本にこれまでなかったような新たなサービスを提供するようになると，日本の消費者には新しいサービスが消費できるようになり，個々人の満足度が上昇する．第一点目の経済厚生と同様に消費者の効用を観測することは困難だが，この好例としてスターバックス・コーヒーが挙げられる[7]．全面禁煙や店内丸見えといった喫茶店というのは，スターバックス・コーヒーが日本に進出するまでおそらくほとんど目にしなかったものであり，外資系企業が日本に進出して初めて，このような優れたサービスを享受することができたと言える[8]．

　一方，デメリットとしては次の点が考えられる．

1. 外資系企業は逃げ足が早い．
2. 外資系企業はリストラが激しい．
3. 外資系企業の参入により競争が激化する．
4. 外資系企業に貴重な技術やノウハウを盗まれてしまう．

---

[5] ここで，日本企業は他国の企業と比して十分に生産性が高く，外資を通じた生産性の向上は不要ではないかと考える人もいるかもしれない．しかし，滝澤 (2020) によれば，ほぼすべての産業において，日本の労働生産性はアメリカのそれよりも大幅に低く，同様の傾向は日本とドイツを比較した場合も確認されている．この詳細は，補論 1.C で説明する．

[6] 各消費者の効用を一国全体で見たものが経済厚生として表現される．ミクロ経済学では，各消費者の効用は効用関数，一国全体では社会厚生関数として表されるものである．

[7] スターバックス・コーヒーの日本進出の詳細については深尾・天野 (2004, 第 1 章，ケース 1.1) を参照して欲しい．

[8] 2021 年 6 月 7 日の『日本経済新聞』朝刊では，スタバが全面禁煙や店内丸見えという文化を持ち込むことで，新たな顧客層を創造したと論じている．

第一に，外資系企業は逃げ足が早いという点である．これは，せっかく外資系企業が来ても，経営状況・経営環境が悪化すると，あっという間に撤退してしまうのではないか，という懸念である．ただし，経営状況や経営環境が悪化して撤退するというのは外資系企業に限ったことではなく，仮に日本企業であっても，経営が立ち行かなくなれば撤退（閉鎖）せざるを得ない．このため，問題は，外資系企業が日本企業よりも撤退しやすいのか，ということになる．このような疑問に答えた研究として Kimura and Fujii (2003)，権他 (2007)，Kimura and Kiyota (2007) などがある．このうち，Kimura and Fujii (2003) と Kimura and Kiyota (2007) は外資系企業の撤退確率が日本企業と同程度という結果を得ているが，権他 (2007) は外資系企業の方が日本企業よりも撤退確率が高いという結果を得ている．厳密にいえば，これらの研究は，分析の対象となる企業や分析の期間が異なるため結果を直接比較できない．このため，外資系企業の方が日本企業より撤退しやすいかどうかについての結論はまだ出ていない状況である．とは言え，結果が混在しているということは「外資系企業が日本企業よりも撤退しやすい」という主張が必ずしも一般的に成立するものではないことを示唆している．

なお，ここでは外資系企業と日本企業の比較で議論しているが，間接投資と直接投資の比較という視点もある．間接投資と比べると，直接投資は変動が小さく，そして逃げ足が遅いことが知られている．これは，間接投資と比べて直接投資は時間的視野が長く，子会社が短期的に逆境に置かれても，中長期的に収益回復が見込まれる場合，親会社は投資を引き揚げないという特徴があるためである　この点については，深尾・天野 (2004, 第 1 章) を参照して欲しい[9]．

第二に，外資系企業はリストラが厳しいという点である．一般に，企業の生産性は企業の生産量をその投入量で除したものとして定義され

---

[9] なお，間接投資と比べて直接投資の変動が低いことは，Albuquerque (2003) や Goldstein and Razin (2006) によって確認されている．

る．つまり，生産性の改善は，投入を維持しつつ生産を拡大することで達成できるだけでなく，生産を維持しつつ投入を減らすことでも達成できることになる．このため，外資による出資を得ることで企業の生産性は改善するかもしれないが，それは厳しいリストラを通じて達成されているためかもしれない．このような疑問に対する研究も行われているが，結果はやはり混在している．例えば，Fukao et al. (2005) は日本企業と外資企業の雇用調整には統計的に有意な違いがないことを明らかにしている．一方，Kimura and Kiyota (2007) は日本企業よりも外資系企業の方が雇用の調整が早いことを確認している．

　これらの結果に対し，興味深い結果を示しているのが，木村・清田 (2003) の研究である．この研究では，外資による出資比率の違いが注目されており，外資系企業の中でも雇用の調整が早いのは100％外資系企業に限られていること，外資系企業全体ではこの100％外資の効果に引っ張られる形で外資系企業と日本企業の雇用調整の間に有意な差が生じることが確認されている．これらの結果は，一口に外資系企業のリストラといっても外資の出資比率によって濃淡があり，100％外資系企業を除けば，外資系企業と日本企業のリストラは同程度とも解釈できる．

　第三に，外資系企業の参入により競争が激化するという点である．外資系企業の参入によってその企業で働く人は恩恵を受けることができても，外資系企業と競合する企業は損失を被ることになり，結果として，外資の進出した地域，あるいは日本経済全体にとってマイナスとなるかもしれない．この点は非常に重要だが，この問題に対する学術的な研究は，著者が知る限り，存在しない．その理由の一つとして，日本経済に占める対日直接投資の規模が非常に小さすぎるために，外資系企業が産業，あるいは地域に及ぼす影響をとらえられないことが挙げられる．このため，外資系企業の参入により競争が激化し，マイナスの影響を及ぼすかどうかは現時点ではわからない．

　ここで，外資系企業の参入か日本企業の参入かに関わらず，競争そのものは必ずしも悪いことではないことにも注意が必要だろう．例えば，深尾 (2012) では，日本経済停滞の一因として，生産性の低い企業の撤退と高い企業の参入という経済の新陳代謝機能の停滞が指摘されている．競争を通じて経済の新陳代謝を高めることは，むしろ日本経済の再興にとって必要な側面と言える．もちろん，星 (2021) が指摘するように，淘汰されるべきはうまく行かなくなった企業であり，労働者ではない．企業淘汰により職を失った労働者が新しい職を円滑に見つけられるような仕組み作りが重要である．

　第四に，外資系企業に貴重な技術やノウハウを盗まれてしまう恐れがある点である．外資の出資の目的が技術やノウハウを盗むことにあり，ひとたびその技術やノウハウが流出すると，あっという間に逃げられる，ということになれば，外資導入の効果は大きなマイナスと言える．技術やノウハウの多くは外部の研究者が観測できるものではないため，このような事例が頻発しているのかは不明だが，経済安全保障に関心が高まっていることを踏まえると，この問題は重要性が高まっていると言える．

　ただし，企業の持つ技術やノウハウがいかに重要かという点には留意する必要がある．仮に企業の持つ技術やノウハウが他の企業にとっても本当に重要なら，外資系企業ではなくまず日本企業が出資に乗り出すのではないだろうか．技術やノウハウの重要性が他の日本企業に見いだせなかったとすれば，それは他の日本企業の先見性の欠如が問題とも言える．外資系企業による悪意のある技術・ノウハウの窃取はもちろん問題だが，貴重な技術・ノウハウを持つ企業に対し，日本企業が積極的，かつ迅速に出資を行う環境整備が必要かもしれない．同時に，出資を受けようとする企業も，自身の技術やノウハウがいかに貴重なのかを積極的に発信する必要がある．そして何より，対日直接投資の大部分は，外資系企業の優れた技術や経営ノウハウなどを日本

にもたらす働きがあることを忘れてはならない.

　以上,本節では対日直接投資のメリットとデメリットを整理した. 言うまでもなく,対日直接投資は打ち出の小槌ではない. メリットだけでなく,デメリットもあり,それらの大きさを事前に判断するのは難しい. しかし,事後的に見れば,少なくとも直接投資を受け入れている国ほど高い経済成長が見込まれるという結果が報告されている. また,平均的に見れば,外資系企業は日本の雇用の下支えをしていることも確認されている. このため,技術流出など懸念すべき問題もあるが,そうした問題に配慮しつつ対日直接投資を拡大していくことは,日本経済の今後の成長にとって重要な意味を持つと考えられる[10]. このような背景から,対日直接投資の拡大は重要な政策課題の一つとして位置づけられてきた. これは日本だけでなく諸外国でも同様であり,だからこそ,各国が国境を越えた企業の誘致活動にしのぎを削っているのである. 次節では,対日直接投資の現状について説明したい.

1.3　対日直接投資の現状

　対日直接投資の拡大は 1990 年以降,実に 30 年以上に渡って政策課題とされてきた[11]. 近年では,2013 年に「2020 年までに対日直接投資残高を 35 兆円に倍増する」という目標が掲げられ,その達成に向けて外資系企業の誘致や外国人の生活環境の改善が進められてきた. そして,2020 年末時点の対日直接投資残高は 39.7 兆円となり,この目標は無事,達成されている. このような状況の中で,2021 年 6 月には「経

---

[10] 深尾 (2012) は日本経済活性化の 4 つの課題として,1) 情報通信技術の活用,2) 経済の新陳代謝機能の活性化,3) 対日直接投資の拡大,そして 4) 無形資産投資の促進を挙げている. これらの提言は,対日直接投資の重要性を確認するものと言える.

[11] 1990 年代から 2010 年代半ばまでの主な政策については,増田 (2015) にわかりやすい説明がある.

済財政運営と改革の基本方針 2021 について（骨太方針 2021）」（2021
年 6 月 18 日閣議決定）において，2030 年における対日直接投資残高
を 80 兆円へと倍増させるという目標が掲げられている.

　図 1.2 は対日直接投資の残高とその GDP 比率について，2000 年以
降推移をまとめたものである．対日直接投資は 2008 年から 2013 年に
やや停滞するものの，金額で見ても，GDP 比で見ても，期間を通じて
概ね拡大傾向であることがわかる．しかし，図 1.1 で見たように，諸
外国と比べると対日直接投資の規模は依然として極めて低い水準にと
どまっている[12].

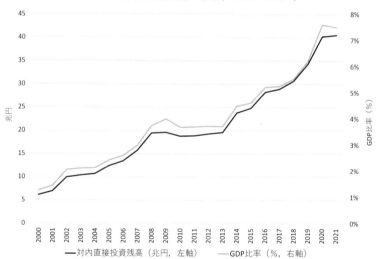

図 1.2　対日直接投資の推移，2000–2020 年

出所：財務省 (2021b)，内閣府 (2021) にもとづき著者作成.

---

[12] なお，図 1.2 は日本の公式統計に従う形で作成されており，対日直接投資の GDP 比率
は図 1.1 よりも高い値になっている．これは，日本の公式統計が資産負債原則（asset
and liability principle）にもとづいた残高を使用しているのに対し，UNCTAD は親子
関係原則（directional principle）にもとづいた残高を使用しているためである.

図 1.3　対日直接投資残高，業種別，2020 年

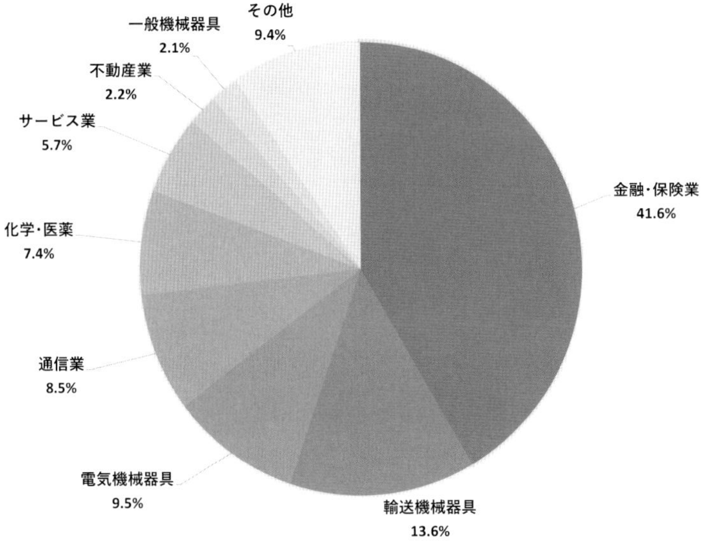

出所：財務省 (2021a).

　図 1.3 と図 1.4 は 2020 年の業種別，国別の対日直接投資残高をそれ
ぞれまとめたものである．図 1.3 より，対日直接投資の中心的な産業は
非製造業であり，金融・保険（41.6%）と通信業（8.5%）でほぼ半分
を占めることがわかる．金融・保険業に次いで大きなシェアを占める
のは輸送機械器具（13.6%），電気機械器具（9.5%）であり，これらの
4 つの産業に続くのは，化学・医薬（7.4%），サービス業（5.7%）で
ある．これら 6 つの産業で実に対日直接投資の 86.3% のシェアを占め
ている．対日直接投資がこれら 6 つの産業に集中していることがわか
る．不動産業はこれらに続く産業だが，2.2% と相対的には小さなシェ
アになっている．
　一方，図 1.4 より，対日直接投資を積極的に行っているのは，アメリ
カ（27.0%），シンガポール（15.3%），フランス（13.2%），オランダ
（9.0%），英国（6.2%）であり，これらの 5 か国で全体の 70.8% を占

図 1.4　対日直接投資残高，国別，2020 年

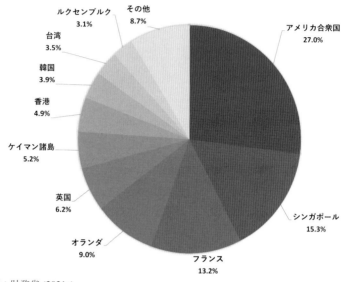

出所：財務省 (2021a).

めていることがわかる．香港（4.9%）や韓国（3.9%）や台湾（3.5%）
も主な投資国に含まれているものの，アジアの国々のシェアは総じて
小さい．特に，中国は日本にとって最大の貿易相手国だが，中国の対
日直接投資のシェアは非常に小さいものとなっている．
　なお，日本銀行の「国際収支関連統計の FAQ」によれば，日本の対
内直接投資統計の相手国は取引の相手の国が基準とされており，この
図の基のデータもこの基準に従っている．これは，ある国からの直接
投資が低税率国などを迂回する場合，低税率国が取引の相手国とみな
されることを意味している．図 1.4 でケイマン諸島が第 6 位となって
いるのも，取引の相手国を基準としているためである．しかし，これ
は必ずしも実態を把握しているとは言えないかもしれない．このため，
財務省は，2015 年末より，最終的な支配力を有する投資家（最終投資
家）の所在国を相手国とする統計も参考表として公表している．関心

のある方は，財務省ホームページの「統計表一覧（本邦対外資産負債残高）」を参照して欲しい．

1.4　先行研究と本書の位置づけ

　それでは，なぜ対日直接投資はここまで極端に少ないのだろうか．深尾他 (2019) は日本企業，特に大企業は蓄積した企業貯蓄を使う投資機会を見つけられずに慢性的な貯蓄超過状態にあることを指摘しており，そもそも投資機会がないことが問題と考える方もいるかもしれない．しかし，企業貯蓄の増加傾向は日本特有の問題ではない．また，第 3 章で詳しく説明するように，対日直接投資が低い水準にとどまっていることは今に始まったことではない．このため，この疑問に答えるため，これまでに数多くの研究が行われてきた．例えば伊藤・深尾 (2003) は日本政府の『事業所・企業統計調査』の個票データという大規模なデータを元に，国内の規制が強い産業や国や，地方公共団体の所有する事業所（公的事業所）の割合の多い産業ほど対日直接投資が少ないことを明らかにしている．この結果は国内の規制や公的事業所の存在が対日直接投資の阻害要因となっていることを示唆した重要な結果だが，あくまで日本国内の産業間の比較となっているため，日本への対内直接投資がなぜ他国と比べて低いのかという疑問に直接答えるものにはなっていない．

　一方，Kimino et al. (2007) は世界 17 か国からの対日直接投資に注目し，国レベルでその要因を分析している．分析の結果，伝統的に直接投資の要因とされていた為替レートや労働コストは対日直接投資を説明する要因となっていないこと，また，文化的，地理的な距離の影響は限定的であることを明らかにしている．さらに，Kimino et al. (2007) は対日直接投資には投資国の輸出やビジネス環境といった投資国側の

要因も強く働いていることを確認している．この研究は複数の国から日本に対する投資に注目して対日直接投資の要因を分析したものだが，投資先が日本に限られているため，他国と比べた対日直接投資の低さを説明することができていない．

これらの研究に対し，Head and Ries (2005) は 181 か国の二国間直接投資のデータを用いた分析を行っている．対日直接投資だけでなく，他国への直接投資も含めて分析している点で，上記の先行研究を一歩進めるものとなっている．彼らの分析によれば，二国間の直接投資はグラビティモデルによって説明することができ，対日直接投資の低さは欧米からの物理的な距離によることが明らかにされている．なお，グラビティモデルについては第 2 章で詳しく説明する．

Hoshi and Kiyota (2019) も Head and Ries (2005) と同様に二国間の直接投資をグラビティモデルによって分析している．世界 200 か国から OECD の 27 か国への直接投資を分析した結果，言語の違いや国と国の間の距離，所得水準，経済規模などの通常のグラビティモデルで用いられている変数だけでは対日直接投資の水準の低さは十分に説明できないことが明らかにされている．

なお，カッツ (2021) は対日直接投資の阻害要因として系列の存在を指摘している．しかし，対日直接投資と日本の系列の間に統計的な関係が見いだせないことが Lawrence (1993) や Weinstein (1996)，伊藤・深尾 (2003) の研究で指摘されている．これらの研究は 20〜30 年近く前のもののため，現在には当てはまらないかもしれないが，著者が知る限り，カッツ (2021) の主張を支持するような統計的な分析結果は存在しない．このため，系列の存在が対日直接投資の阻害要因であるという主張は，一部のケースに当てはまるとしても，一般化は難しいかもしれない．

これらの先行研究結果の結果のポイントは次の二点にまとめられる．

1. 二国間の直接投資のパターンを説明する上ではグラビティモデル

が有用であり，言語の違いや国と国の間の距離，経済規模といっ
た要因が影響を及ぼしている．
2. ただし，これまでグラビティモデルで用いられてきた言語や距
　　離，所得水準，経済規模といった変数だけでは，対日直接投資の
　　低さを説明できない．

言い換えれば，なぜ対日直接投資がこれだけ低いのか，その決定的な
要因は明らかにされていない．このような背景を踏まえ，本書では次
の２つの疑問を明らかにしようと試みる．
1. 対日直接投資のパターンは他国と大きく異なるのか．
2. なぜ対日直接投資は低い水準にあるのか．

本書の目的は，対日直接投資がなぜここまで極端に低い水準にとどまっ
ているのかを明らかにすることにある．本書の新規性は，対日直接投資
の要因を明らかにする上で，コントロール変数に注目している点にあ
る．コントロール変数とは，理論から直接導出される変数とは別に，そ
の他の外生的な要因として含まれるものである．しかし，どのようなコ
ントロール変数を含めるかということについては決まりがあるわけで
はなく，分析者の主観に委ねられてきた．本書ではこのコントロール変
数の選択をベイズモデル平均化法（Bayesian Model Averaging: BMA）
にもとづいて行うことで，モデル選択（モデルに含める変数の選択）に
対する不確実性を考慮し，より客観的な分析を試みる．

　二国間直接投資のパターンを説明する上でベイズモデル平均化法を利
用した研究例としては，Eicher et al. (2012) や Blonigen and Piger (2014)
がある．しかし，これらの分析は世界全体のいわば平均的な直接投資
のパターンを説明しようとするものであり，対日直接投資に注目した
ものではない．日本の直接投資に注目した研究例としては，Camarero
et al. (2021b) があるが，そこでは対内直接投資ではなく対外直接投資

が注目されている[13]．本書は対日直接投資に焦点を当てている点で，こ
れらの先行研究とは異なるものである．

　なお，本書はいわゆる研究書に分類されるものである．対日直接投
資を包括的に論じた日本語の書籍には深尾・天野 (2004) や清田 (2015,
第 6 章) があるが，本書はこれらの書籍よりも専門的な内容となってい
る．特に第 2 章は，大学学部生の国際経済学の知識を前提としている．
本書のようなデータを用いた国際経済分析に関心をお持ち頂いた方は，
清田・神事 (2017) をご覧頂きたい．そこでは，後述するグラビティモ
デルを含め，国際経済学の実証分析を幅広く解説している．

　本書の以下の構成は次の通り．第 2 章では，本書の分析が依拠する
グラビティモデルについて解説する．第 3 章はデータと分析手法を説
明し，データから確認できる事実を整理する．また，第 3 章ではベイ
ズモデル平均化の方法についても詳述する．第 4 章で分析結果とその
頑健性について吟味し，第 5 章で対日直接投資が低水準にとどまる理
由について考察する．第 6 章で本書を締めくくる．

第 1 章補論

補論 1.A 直接投資と経済厚生

　直接投資は経済厚生にどのような影響を及ぼすのだろうか．結論か
ら述べると，不思議に思われる人もいるかもしれないが，直接投資を
通じて，自国と外国の経済厚生はともに上昇する．つまり，直接投資
をした国もされた国にもメリットがある．以下では，そのメカニズム
を，マクドゥーガル・モデルと呼ばれる経済モデルによってこのメカ
ニズムを紹介する[14]．

---

[13] なお，Mariam Camarero らの研究グループは日本以外にドイツやアメリカの直接投
資について同様の研究を行っている (Camarero et al., 2021a, 2022)．

[14] 本節の説明は清田 (2015, 第 1 章補論) を元にしている．

図 1.5　直接投資が経済厚生に及ぼす影響

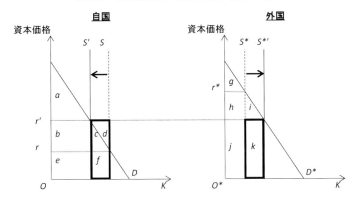

　マクドゥーガル・モデルでは，自国から外国への直接投資と各国の資本価格の差の関係に注目する．いま，企業がある財を資本と労働を用いて生産しているとする．企業は利子率が低ければ低いほどより多くの資本を需要する．このため，自国と外国の資本に対する需要曲線はそれぞれ図 1.5 の D 線と D* 線で表すことができる．また，自国と外国の資本の供給は価格に関わらず一定であるとすると，自国と外国の資本の供給曲線はそれぞれ S 線と S* 線で表すことができる．

　ここで，資本が国際間で移動できない状況を考えてみる．このとき，均衡となる自国と外国の資本価格はそれぞれ r と r* で表すことができる．いま，市場は完全に競争的であるとすると，需要曲線の高さは企業の生産する財の価値に一致することが知られている．このため，自国の資本で生み出された価値の総和は，資本の供給量 S より左側で需要曲線 D より下側で囲まれた a＋b＋c＋e＋f の領域で表されることになる．

　このうち，r× 資本量，すなわち図 1.5 の e＋f の領域は自国の資本家の所得にあたる．生産は資本と労働者によって行われているため，残りの需要曲線より下で利子率 r より上の領域，すなわち図 1.5 の a＋b＋c

の領域は労働者の得る所得となる. 同様に, 外国では, g が外国の労働者の所得となり, $h+j$ が外国の資本家の所得となる.

ここで, 資本移動が国際間で自由になったとしよう. そうすると, 資本家はより資本価格の高い国で資本を運用しようとするため, 自国から外国へと投資先をシフトする, つまり資本を移動させることになる. このシフトは, 自国と外国の資本価格の差がなくなるまで続く. その結果, 自国の資本量は S から S' へと減少し, 逆に外国の資本量は S^* から $S^{*'}$ へと増加することになる.

このとき, 外国で生み出される価値の総和は $g+h+i+j+k$ となり, 外国で生み出される価値が領域 i と k だけ増加することになる. ただし, このうち, 領域 k は自国の資本家が得る所得である. 自国の資本家が所得を自国に持ち帰ったとしても, 領域 i だけ外国の所得は増加することになる.

一方, 自国で生み出される価値は $a+b+e$ へと減少し, 領域 $c+f$ だけ所得が減少することになる. しかし, 自国の資本家によって外国で生み出された領域 k を考慮すると, $k=c+d+f$ であるため, 領域 d だけ所得が増加していることがわかる. これらの結果から, 国際的な資本移動を通じて, 自国も外国もともにメリットが生じていることがわかる.

補論 1.B 外資系企業とは何か

本章では,「外資系企業」という言葉をやや曖昧に使ってきた. この補論では, 外資系企業について少し丁寧に説明したい. 外資系企業とは多国籍企業, すなわち複数の国で生産や販売を行う企業のうち, 外国に本社がある企業を指す. 先述したように, 直接投資は経営に参加することを目的と海外への投資だが, それでは経営に参加するというのはどのような状況を意味するのだろうか. ある外国企業が100％出資する子会社を日本に所有する場合, この企業は対日直接投資を通じ

た外資系企業と言える.

　それでは,出資比率が 100％に満たない場合はどうだろう. 例えば,ある外国企業が 50％未満しか出資しない日本の子会社は外資系企業と言えるだろうか. 例えば日産自動車の『有価証券報告書』によれば,大株主はフランスのルノーだが,2021 年 3 月現在の出資比率は 43.7％と50％に満たない. しかし,ルノーは日産の経営に大きな影響を及ぼす立場にある. 日産は外資系企業に分類されるのだろうか.

　実は,統計上,外資系企業の統一的な定義は存在しない. 例えば,2022 年まで行われていた経済産業省の『外資系企業動向調査』では,「外国投資家が株式又は持分の 3 分の 1 超を所有している企業であって,外国側筆頭出資者の出資比率が 10％以上である企業」あるいは「外国投資家が株式又は持分の 3 分の 1 超を所有している国内法人が出資する企業であって,外国投資家の直接出資比率及び間接出資比率の合計が,当該企業の株式又は持分の 3 分の 1 超となり,かつ,外国側筆頭出資者の出資比率が 10％以上である企業」とされていた. 一方,外国為替及び外国貿易法では,出資比率 50％が基準となっている. 学術的な研究でも,出資比率が 1/3,あるいは 50％％超といった基準が一般的だが,その基準は必ずしも統一されているわけではない. 実際にどの程度の出資比率で経営に参加しているとみなすかが難しく,また各国の統計の調査にも違いがあるためである. このため,本書では,多国籍企業,あるいは外資系企業に統一した基準は設けず,それぞれの統計や研究で利用されている定義に従うものとする. 説明が煩雑になるため,それらの定義について一つ一つ解説することは行わないが,読者の方は,利用されている統計によってこのような違いがある点に留

意して欲しい[15].

補論 1.C 日本とアメリカ，ドイツの生産性格差

　日本企業は他国の企業と比して既に十分に生産性が高く，外資を通じた生産性の向上は不要ではないかと考える人もいるかもしれない．しかし，滝澤 (2020) はこの考え方が必ずしも正しくないことを指摘されている．

　図 1.6 は日本とアメリカの労働生産性を産業別に比較したものである．縦軸はアメリカの生産性を 100 としたときの日本の各産業の生産

図 1.6　日本とアメリカの産業別生産性（1 時間当たり付加価値）と付加価値
　　　　シェア，2017 年

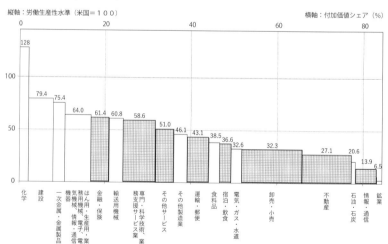

注：網掛け部分はサービス業分野を表す．縦軸はアメリカの生産性を 100 としたときの
　　日本の各産業の生産性を表す．横軸は各産業の付加価値シェアである．
出所：滝澤 (2020)

---

[15] なお，読者の方の中には，日本には出資比率が 10% 未満の外資系企業が多いのではないかと考える人もいるかもしれない．一般に，出資比率が 10% 未満の外資系企業は直接投資とはみなされないが，10% 未満の外資系企業を含めても，日本における外資系企業の割合は極めて小さい (木村・清田, 2003).

図 1.7　日本とドイツの産業別生産性（1 時間当たり付加価値）と付加価値シェア，2017 年

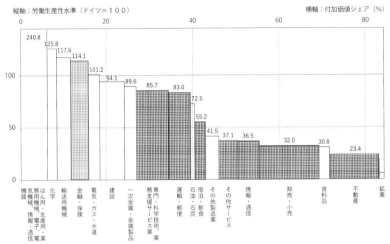

注：網掛け部分はサービス業分野を表す．縦軸はドイツの生産性を 100 としたときの日本の各産業の生産性を表す．横軸は各産業の付加価値シェアである．
出所：滝澤 (2020)

性を表す．横軸は各産業の付加価値シェアを表している．この図より，ほぼすべての産業において，日本の労働生産性はアメリカのそれよりも大幅に低く，多くの産業で半分以下となっていることが確認できる．また，この傾向は特にサービス業で顕著なこともわかる．図 1.7 は日本とドイツの労働生産性を同様に比較したものである．日本とアメリカほど大きくはないものの，多くの産業で日本の生産性はドイツの生産性を下回っており，特にサービス業で生産性の格差が大きいことが確認できる．

　なお，労働生産性は付加価値を労働投入で除したものとして定義されるため，機械設備など資本の多寡の影響を受けている可能性がある．しかし，森川 (2019) は主要先進国の資本係数（GDP に対する資本ストックの比率）に大きな差がないことから，日本の設備や資本の少な

さを労働生産性格差の原因とするのは困難であると指摘している.

　また，サービス業の生産性の格差にはサービスの質の違いが反映されている可能性もある．このような問題に対し，深尾他 (2018) は，サービスの質を調整した上で，日本の労働生産性とアメリカの生産性の比較を行った．彼らの結果によれば，サービスの質の違いを考慮すると，日本の生産性は 10〜20%高く評価される．この結果は日本とアメリカの生産性格差の一部は質の違いによって説明できることを示唆している．しかし，図 1.6 で確認したように，日本とアメリカの生産性格差はほぼ倍近くとなっているため，質を考慮したとしても，日本の労働生産性がアメリカの生産性と比べて大幅に低いという結論が覆るわけではない.

　なぜ，日本の生産性がこれほどまでに低いのかという問題は本書の内容を超えるため，ここでは立ち入らないが，山本・黒田 (2014) は日本人の働き方が「効率的に非効率的なことをする」と指摘している．また森川 (2019) も労働生産性改善のために，無駄な会議や稟議の削減，業務の段取りの改善，意思決定権限の委譲，意義の乏しい社内ルールなどの見直し，また過度な規制や行政指導の見直しなどの必要性を訴えている．個々の人の効率の良さが企業全体，社会全体に反映されていないという点で，日本企業が外資系企業から学ぶ余地はまだまだ残っているのかもしれない.

第2章　グラビティモデル

2.1　グラビティモデルとは

　本書で明らかにしたい疑問は次の2つである.

　1. 対日直接投資のパターンは他国と大きく異なるのか.

　2. なぜ対日直接投資は低い水準にあるのか.

　直接投資の要因を分析する上でこれまで頻繁に用いられてきたモデルのひとつにグラビティモデル（gravity model）が挙げられる．後述するように，グラビティモデルは二国間の貿易パターンを説明する上で開発されたものだが，二国間の直接投資のパターンを説明する上でも有効であることが確認されている．しかし，もし対日直接投資のパターンが他国と大きく異なるなら，そもそもグラビティモデルでは対日直接投資を説明できないということになる．上記の疑問に答える上で，本章ではグラビティモデルを解説する.

　グラビティモデルは，Isaac Newton（アイザック・ニュートン）が発見した「万有引力の法則（the law of universal gravitation）―物体の引き合う力，すなわち重力（gravity）は引き合う物体の質量に比例し，距離の二乗に反比例する」と類似した定式化によって，二国間の貿易の規模を説明しようとする経済モデルを指す．このグラビティモデルはJan Tinbergen と Pentti Pöyhönen によって初めて貿易の分析に応用され

た[16].

　いま二国間（任意の i 国と j 国の間）の貿易額を T_{ij}，i 国と j 国の GDP をそれぞれ Y_i，Y_j で表し，二国間の距離を D_{ij} で表すとする．最も単純なグラビティモデルは次のように表される．

$$T_{ij} = \frac{A Y_i^{\beta_1} Y_j^{\beta_2}}{D_{ij}^{\gamma}}, \quad \beta_1, \beta_2, \gamma > 0 \tag{2.1}$$

ここで，A は任意の定数である．グラビティモデルは，二国間の貿易額が二国の経済規模（GDP）の拡大に伴い大きくなり，逆に距離が遠くなれば小さくなることを示している．ここで (2.1) 式の両辺について自然対数を取り，誤差を考慮してパラメータを再定義すると，グラビティモデルは次のような対数線形の形で書き直すことができる．

$$\ln T_{ij} = \beta_0 + \beta_1 \ln Y_i + \beta_2 \ln Y_j + \beta_3 \ln D_{ij} + \varepsilon_{ij} \tag{2.2}$$

ここで，$\beta \equiv \ln A$，$\beta_3 \equiv -\gamma$ である．また，Y_i と Y_j はそれぞれ i 国と j 国の t 年における GDP であり，ε_{ij} は誤差項である．このような単純なグラビティモデルを以下では古典的グラビティモデルと呼ぶことにしよう．

　なお，グラビティモデルにもとづき貿易政策の効果を分析する場合，二国間の貿易障壁をとらえる変数を (2.2) 式に追加するのが一般的である．例えば，t 年の二国間の平均的な関税率を τ_{ij} とすると，この変数をグラビティモデルに取り入れるというものである．ただし，この変数を単純に (2.2) 式に追加するだけでは問題があることが知られている．

---

[16] グラビティモデルのアイディアそのものはイギリス国内の移民のパターンを分析した Ravenstein (1885) でも提示されているが，Ravenstein (1885) には万有引力の法則に関する言及はなく，19 世紀の研究ということもあり，その内容は記述的なものにとどまっていた．なお，Pöyhönen (1963) の研究の発表は Tinbergen (1962) に一年遅れる形になっているが，Pöyhönen (1963) では，この論文の投稿は 1961 年 11 月に行われており，これらの研究が同じ時期に独立して行われていたと説明されている．

その理由は次の通りである．いま，(2.2) 式に平均的な関税率を τ_{ij} を追加するとすると，(2.2) 式は次のように書き直せる．

$$\ln T_{ij} = \beta_0 + \beta_1 \ln Y_i + \beta_2 \ln Y_j + \beta_3 \ln D_{ij} + \beta_4 \tau_{ij} + \varepsilon_{ij} \qquad (2.3)$$

ここで，関税率がゼロのときは対数を取ることができないため，ここでは τ_{ij} の対数値ではなく τ_{ij} をそのまま含めている．

　いま，世界は複数の国から成ることに注意し，i 国と j 国以外に，k 国という第三国を考える．もし仮に，j 国が k 国と自由貿易協定を結び，関税を引き下げるとすると τ_{jk} は低下する．その結果，j 国から k 国への輸出が増加し，j 国から i 国への輸出が減少するとしよう．このような効果は貿易転換効果と呼ばれる．

　この貿易転換効果を理解するために，より具体的に日本，中国，韓国の 3 か国間の貿易を考えてみる．いま仮に，日本と中国が自由貿易協定を結び，両国間の貿易が無税で行われるようになったとしよう．この結果，日中間の貿易は一層活発になることが予想される．それでは，日本と韓国の間の貿易にはどのような影響が及ぶのだろうか．中国と韓国の製品が競合しなければ，あるいは日本の韓国からの輸入に対する関税が十分に低ければ，日本と中国の自由貿易協定は日韓の貿易には影響しないだろう．しかし，そうでなければ，日本の韓国からの輸入の一部が中国からの輸入に代替され，日本と韓国の貿易が縮小することになる．このような貿易転換効果とは，相手を限定した貿易自由化に伴う貿易相手国の転換を意味している．

　このような貿易転換効果は現実的には非常に重要と考えられるが，(2.3) 式では貿易転換効果をとらえることができない．なぜなら，(2.3) 式には τ_{jk} は含まれておらず，

$$\frac{\partial \ln T_{ij}}{\partial \tau_{jk}} = 0 \qquad (2.4)$$

となり，j 国と k 国の関税低下の影響が表れないためである．このような問題を回避するための方法が Anderson and van Wincoop (2003) で考案されており，次節ではこのモデルについて詳しく解説する．そして第 2.3 節では，グラビティモデルを直接投資へと拡張した理論的枠組みを紹介する．ただし，本章の以下の内容は，経済学の知識を前提としたやや技術的なものとなるため，実証分析とその結果に興味のある読者は第 3 章に進んで欲しい．

2.2　国際貿易のグラビティモデル

　グラビティモデルは単に「万有引力の法則」を模したものではなく，経済モデルから演繹的に導出されるモデルである．本節では，グラビティモデルに経済学的基礎付けを与えた研究の中でも最も有名な研究の一つである Anderson and van Wincoop (2003) を紹介したい[17]．
　いま，I か国から成る世界を考え，生産（輸出）国を i，消費（輸入）国を j で表すとしよう（$i, j = 1, ..., I$）．各国の代表的消費者は代替の弾力性一定（constant elasticity of substitution: CES）型の効用関数を持つとし，また財は各国間で差別化されているとする．j 国の代表的消費者の効用関数を U_j，j 国の消費者による i 国の財の消費を $x_j(i)$ で表し，各財の代替の弾力性を $\sigma(>1)$ で表すとすると，U_j は次のように表される．

$$U_j = \left[\sum_{i=1}^{I} \left(\frac{x_j(i)}{\beta(i)} \right)^{\frac{\sigma-1}{\sigma}} \right]^{\frac{\sigma}{\sigma-1}} \tag{2.5}$$

ここで，$\beta(i)$ は i 国の財の品質の指標である．j 国の消費者が $x_j(i)$ を消

---

[17] 本節の説明は山ノ内 (2017, 第 5 章) を参考にしている．なお，山ノ内 (2017, 第 5 章) には Anderson and van Wincoop (2003) 以外のグラビティモデルの導出法についても丁寧な説明がある．興味のある読者はぜひ参照して欲しい．

費するとき，$\beta(i)$ が小さいほど得られる効用が高くなることから，$\beta(i)$ が小さくなるほど品質が高くなると解釈できる．$i \neq j$ のとき，$x_j(i)$ は j 国の i 国からの輸入（i 国から j 国への輸出）を表す．一方，$i = j$ のとき，$x_j(i)$ は自国で生産し，消費した分を表すことになる．

次に j 国の消費者の予算制約を考える．j 国の消費者の総支出額を E_j で表し，また $x_j(i)$ の価格を $p_j(i)$ で表すとする．このとき，j 国の消費者の予算制約はそれぞれの財に対する支出額の合計，すなわち

$$E_j = \sum_{i=1}^{I} p_j(i) x_j(i) \tag{2.6}$$

と表される．ここで，$p_j(i)$ は j 国の消費者が i 国の財に対して支払う価格，すなわち j 国における i 国からの輸入価格となっていることに注意しよう．この輸入価格が i 国と j 国の間の貿易費用 ι_{ij} と i 国からの輸出価格によって次のように表されるとする．

$$p_j(i) = \iota_{ij} p^*(i) \tag{2.7}$$

ここで，i 国から輸出される財は $p^*(i)$ であり，j の添え字がないことから，i 国を出る前の時点では貿易相手国による価格の差異はない．一方，貿易費用 ι_{ij} は，j 国の添え字があることから，i 国から j 国に貿易された時点で，貿易相手国による価格差が生じることになる．なお，$\iota_{ij} = \iota_{ji}$ である．

消費者の効用最大化にもとづき，(2.6) 式の制約のもとで (2.5) 式を最大化すると，次のような需要関数が得られる．

$$\frac{x_j(i)}{\beta(i)} = \left[\frac{\iota_{ij} \beta(i) p^*(i)}{P_j} \right]^{-\sigma} \frac{E_j}{P_j} \tag{2.8}$$

$\beta(i) p^*(i)$ は i 国の輸出価格 $p^*(i)$ に i 国の財の品質 $\beta(i)$ の指標を乗じたものとなっているため，品質を考慮した輸出価格（あるいは品質調

整済み輸出価格）として解釈できる[18]. また, P_j は

$$P_j = \left[\sum_{i=1}^{I} \left(\beta(i) \iota_{ij} p^*(i) \right)^{1-\sigma} \right]^{\frac{1}{1-\sigma}} \tag{2.9}$$

である. これは, j 国にとって他国の財の輸入しやすさを示していることに注意しよう. 例えば, i 国と j 国の貿易費用 ι_{ij} が低下すると, P_j も低下し, j 国の需要は拡大する. このため, P_j は内向多角的貿易抵抗指数（inward multilateral resitance term）と呼ばれている[19].

また, (2.7) 式に注意しつつ (2.8) 式の両辺に $\beta(i) p_j(i)$ を乗すると

$$
\begin{aligned}
p_j(i) x_j(i) &= \beta(i) p_j(i) \left[\frac{\iota_{ij} \beta(i) p^*(i)}{P_j} \right]^{-\sigma} \frac{E_j}{P_j} \\
&= \frac{\iota_{ij} \beta(i) p^*(i)}{P_j} \left[\frac{\iota_{ij} \beta(i) p^*(i)}{P_j} \right]^{-\sigma} E_j \\
&= \left[\frac{\iota_{ij} \beta(i) p^*(i)}{P_j} \right]^{1-\sigma} E_j
\end{aligned}
\tag{2.10}
$$

が得られる. (2.10) 式は j 国の消費者による i 国の財の消費額を表していることから, j 国の i 国からの輸入額, あるいは i 国から j 国への輸出額と解釈できる.

いま, i 国の総生産額を Y_i で表すとする. (2.10) 式が i 国から j 国への輸出額と解釈できることを利用すると, (2.10) 式を i 国の全ての輸

---

[18] なお, このモデルでは $\beta(i)$ が小さくなるほど品質が高くなると解釈するため, 品質の高い財は価格が安くなる. Baldwin and Harrigan (2011) はこの点を改良し, 品質の高い財の価格が高くなるようなモデルを提示している.

[19] 全ての財の価格を CES の形で集計したものとなっていることから, j 国の消費者物価指数とも解釈できるが, Anderson and van Wincoop (2003) は多角的貿易抵抗指数を価格指数と解釈することに懸念を示している. Anderson and van Wincoop (2003) は, その理由として, 貿易費用に非金銭的な要素が含まれる場合, P_j が消費者物価指数とは一致しなくなることを挙げている.

出相手国 j について集計することで総輸出額が得られる．ここに，自国で生産，消費した分を加えると総生産額となる．ここで，品質を考慮した輸出価格 $\beta(i)p^*(i)$ が j に依存しないことに注意すると

$$
\begin{aligned}
Y_i &= \sum_{j=1}^{I} p_j(i) x_j(i) \\
&= \sum_{j=1}^{I} \left[\frac{\iota_{ij}\beta(i)p^*(i)}{P_j} \right]^{1-\sigma} E_j \\
&= \left[\beta(i)p^*(i) \right]^{1-\sigma} \sum_{j=1}^{I} \left(\frac{\iota_{ij}}{P_j} \right)^{1-\sigma} E_j
\end{aligned}
\tag{2.11}
$$

が得られる．この式は，移項により，次のように書き直すことができる．

$$
\beta(i)p^*(i) = Y_i^{\frac{1}{1-\sigma}} \left/ \left[\sum_{j=1}^{I} \left(\frac{\iota_{ij}}{P_j} \right)^{1-\sigma} E_j \right]^{\frac{1}{1-\sigma}} \right.
\tag{2.12}
$$

表示を簡素化するため，(2.12) 式の右辺分母を

$$
\Pi_i = \left[\sum_{j=1}^{I} \left(\frac{\iota_{ij}}{P_j} \right)^{1-\sigma} E_j \right]^{\frac{1}{1-\sigma}}
\tag{2.13}
$$

と表すと，(2.12) 式は次のように書き直すことができる．

$$
\left[\beta(i)p^*(i) \right]^{1-\sigma} = \frac{Y_i}{\Pi_i^{1-\sigma}}
\tag{2.14}
$$

ここで，(2.10) 式に (2.14) 式を代入すると

$$
\begin{aligned}
p_j(i)x_j(i) &= \left[\beta(i)p^*(i)\right]^{1-\sigma}\left(\frac{\iota_{ij}}{P_j}\right)^{1-\sigma}E_j \\
&= \frac{Y_i}{\Pi_i^{1-\sigma}}\left(\frac{\iota_{ij}}{P_j}\right)^{1-\sigma}E_j \\
&= \left(\frac{\iota_{ij}}{P_j\Pi_i}\right)^{1-\sigma}Y_iE_j
\end{aligned} \tag{2.15}
$$

が得られる．なお，Π_i は P_j とは逆に，i 国にとって他国への財の輸出しやすさを示している．例えば，i 国と j 国の貿易費用 ι_{ij} が低下すると，Π_i も低下し，i 国の輸出は拡大する．このため，Π_i は外向多角的貿易抵抗指数（outward multilateral resitance term）と呼ばれている

　最後に市場が均衡となる条件，すなわち，全ての国において総生産 Y_i が総支出 E_i が一致する状況を考えると，j 国についても総生産と総支出が一致することから $Y_j = E_j$ が成立することになる．前節と同様に，i と j の二国間貿易を T_{ij} で表すとすると，$T_{ij} = p_j(i)x_j(i)$ となる．このため，

$$
T_{ij} = \left(\frac{\iota_{ij}}{P_j\Pi_i}\right)^{1-\sigma}Y_iY_j \tag{2.16}
$$

が得られる．この式の両辺について自然対数を取ると

$$
\ln T_{ij} = \ln Y_i + \ln Y_j + (1-\sigma)\ln\iota_{ij} + (\sigma-1)\ln\Pi_i + (\sigma-1)\ln P_j \tag{2.17}
$$

となる．

　(2.17) 式のポイントは次のようにまとめられる．第一に，古典的グラビティモデルとの類似性である．今仮に，貿易費用 ι_{ij} が二国間の距離 D_{ij} と関税 τ_{ij} に依存し，$\iota_{ij} = D_{ij}\exp(\tau_{ij})$ と表されるとする．前節と同様に誤差を考慮すると，(2.17) 式は次のように書き直すことがで

きる.

$$\ln T_{ij} = \underbrace{\ln Y_i}_{\text{投資国の要因}} \underbrace{+\ln Y_j}_{\text{受入国の要因}} \underbrace{+(1-\sigma)\ln D_{ij}+(1-\sigma)\tau_{ij}}_{\text{貿易費用の要因}}$$

$$\underbrace{+(\sigma-1)\ln \Pi_i+(\sigma-1)\ln P_j}_{\text{多角的要因}}+\varepsilon_{ij} \qquad (2.18)$$

(2.18) 式より，二国間の貿易は各国の総生産額，及び距離に依存することになる. このため，Anderson and van Wincoop (2003) のグラビティモデルが (2.3) 式の古典的グラビティモデルと極めて類似した形になることがわかる.

　第二に，古典的グラビティモデルとの違いである. 古典的グラビティモデルには Π_i と P_j という 2 つの多角的貿易抵抗指数が含まれていない. Anderson and van Wincoop (2003) はこれらの変数の欠落により，推定結果にバイアスが生じることを明らかにした. これは，経済理論と整合的なグラビティモデルを推定するためには，グラビティモデルに多角的貿易抵抗指数を含める必要があることを意味している.

　第三に，グラビティモデルの導出にあたって，供給サイドである生産者の行動が明示的に考慮されていない点である. Anderson and van Wincoop (2003) のグラビティモデルは消費者の効用最大化にもとづき，需要サイドから導出されている. このことにより，リカード・モデルやヘクシャー＝オリーンモデル，新貿易理論，新々貿易理論など幅広い理論モデルからグラビティモデルを導出することができることが知られている[20]. ただし，幅広いモデルからグラビティモデルが導出されるということは，ある特定の理論モデルの妥当性を検証することが難しいことにも注意が必要である. なぜなら，仮にグラビティモデルが各国間の貿易パターンを説明できたとしても，それがリカード・モ

---

[20] この詳細については，Yotov et al. (2016, Chapter 1) や山ノ内 (2017, 第 5 章) を参照して欲しい.

デルを支持しているのか，それとも他のモデルを支持しているのかを識別できないためである．

　第四に，貿易転換効果の存在である．一見すると，(2.18) 式には τ_{ij} しか現れないため，古典的グラビティモデルと同じように見えるかもしれない．しかし，内向多角的貿易抵抗指数，外向多角的貿易抵抗指数ともに全ての国の ι_{ij} が含まれていることに注意しよう．すなわち，第三国の貿易自由化の影響（τ_{jk} の変化）はこの多角的貿易指数を通じて現れることになる．このため，$\iota_{ij} = \iota_{ji}$ であることに注意すると，一般に，

$$\frac{\partial \ln T_{ij}}{\partial \tau_{jk}} = \frac{\partial \ln T_{ij}}{\partial P_j} \frac{\partial P_j}{\partial \tau_{jk}} \neq 0 \tag{2.19}$$

が成立する．言い換えれば，これらの多角的貿易抵抗指数を含めることで，他国の貿易自由化による貿易転換効果を考慮できることがわかる．

　そして第五に，貿易額がゼロのとき，すなわち $T_{ij} = 0$ のとき，ゼロの値は対数を取ることができないため，(2.17) 式（および (2.18) 式）には含められない点である．このような問題は対数を取る前の次式によって対処することができる．

$$T_{ij} = \exp \left[\underbrace{\ln Y_i}_{\text{投資国の要因}} \underbrace{+\ln Y_j}_{\text{受入国の要因}} \underbrace{+(1-\sigma)\ln \iota_{ij}}_{\text{貿易費用の要因}} \right.$$

$$\left. \underbrace{+(\sigma-1)\ln \Pi_i + (\sigma-1)\ln P_j}_{\text{多角的要因}} \right] + \varepsilon_{ij} \tag{2.20}$$

ここで，(2.18) 式と (2.20) 式では誤差項の含め方に違いがあることに注意して欲しい[21]．このような形で誤差項が含まれるときはポワソン

---

[21] (2.18) 式と (2.20) 式の誤差項の違いについては補論 2.B で説明する．

疑似最尤推定（Poisson Pseudo Maximum Likelihood: PPML）が用いら
れる[22].

2.3　直接投資のグラビティモデル

2.3.1　査察ゲーム

前節では国際貿易のグラビティモデルを Anderson and van Wincoop
(2003) にもとづき説明した．先にも述べたように，Anderson and van
Wincoop (2003) では需要サイドからグラビティモデルが導出されてお
り，生産者の行動が明示的に考慮されていない．これは，Anderson and
van Wincoop (2003) のグラビティモデルをそのまま直接投資に用いると，
消費者の需要によって直接投資が引き起こされることを意味する．一般
に，直接投資は生産者の主体的な意思決定にもとづくため，Anderson
and van Wincoop (2003) のグラビティモデルをそのまま直接投資に用い
ると，直接投資の意思決定を明示的に考慮できなくなる．

それでは，供給サイドを考慮することで，直接投資についても同様
にグラビティモデルを導出することができるのだろうか．この疑問に
対する一つの答えを提示したのが Head and Ries (2008) である．Head
and Ries (2008) は M&A を通じた二国間直接投資を説明するモデルを
開発した．その後，de Sousa and Lochard (2011) はこのモデルを二国間
のグリーンフィールド直接投資を含む形で発展させた．本節ではこの
de Sousa and Lochard (2011) にもとづき，直接投資のグラビティモデル
を説明する．Head and Ries (2008) と de Sousa and Lochard (2011) のモ
デルのポイントは，本社と海外子会社の査察ゲーム（inspection game）

---

22 やや技術的な問題だが，(2.17) 式の対数線形の場合，回帰分析によって予測される貿
　易総額が実際の貿易総額を上回るという問題もある．PPML はこのような問題の回避
　にもつながることが知られている．この詳細については，Arvis and Shepherd (2013)
　を参照して欲しい．

34

と多項ロジットモデルを関連付けるところにある．以下では，この直接投資のグラビティモデルの導出について解説しよう．

いま，本社が海外子会社の社長を管理する状況を考える．子会社の社長は頑張ることもできるし，さぼることもできるとする．そして，頑張ることには代償（費用）が伴う．この費用を e とする．一方，本社は子会社の社長が頑張るかどうかを信用するか，それとも査察するかという選択を行う．そして，査察にも費用が伴い，その費用を c とする．子会社の社長は報酬として w を得るが，もし査察によってさぼっていることが判明した場合，この報酬は支払われない．

子会社は本社のサービスを現地に提供することで，最低限 m の利益が得られる．さらに，子会社の社長が頑張れば，s の利益が得られる[23]．社長がさぼる確率を x，本社が査察する確率を y で表現すると，本社が海外子会社から得る利益と社長の報酬の関係は表 2.1 のように表すことができる．

本社が海外子会社から得る利益を v で表すとすると，表 2.1 より，

$$v = m + s(1-x) - cy - w(1-xy)$$
$$= m + s(1-x) - w + (wx - c)y \tag{2.21}$$

表 2.1　査察ゲーム

	本社の選択	
	査察しない $(1-y)$	査察する (y)
社長の選択		
さぼる (x)	$(w, m-w)$	$(0, m-c)$
頑張る $(1-x)$	$(w-c, m+s-w)$	$(w-e, m+s-w-c)$

注：括弧内の左側は子会社の社長の報酬，右側は本社が海外子会社から得る利益を表している．

---

[23] de Sousa and Lochard (2011) では海外子会社から本社に利益を送金するための取引費用が考慮されていたが，ここでは Head and Ries (2008) に近い形にするため，取引費用はないものとして説明する．

となる．一方，海外子会社の社長の報酬を r で表すとすると，表 2.1 より，

$$r = w(1-xy) - e(1-x) \tag{2.22}$$

となる．

　本社と海外子会社は m, s, c, e を所与として．本社がまず報酬 w を設定し，その後，本社と海外子会社がそれぞれ査察とさぼるかどうかを決定する二段階のゲームを考える．このとき，後ろ向き帰納法（backward induction）により，まず第二段階の本社と海外子会社の社長の一階の条件はそれぞれ

$$v_y = -c + wx = 0 \quad \text{and} \quad r_x = -wy + e = 0 \tag{2.23}$$

となる．これらをそれぞれ x と y について整理し，(2.21) 式に代入すると次式が得られる．

$$\begin{aligned}
v &= m + s\left(1 - \frac{c}{w}\right) - w + \left(w\frac{c}{w} - c\right)\frac{e}{w} \\
&= m + s\left(1 - \frac{c}{w}\right) - w
\end{aligned} \tag{2.24}$$

次に第一段階で本社は海外子会社から得られる利益を最大化するよう報酬 w を設定するため，(2.24) 式より，一階の条件は次のようになる．

$$\frac{\partial v}{\partial w} = \frac{cs}{w^2} - 1 = 0 \quad \therefore w = \sqrt{cs} \tag{2.25}$$

この式を海外子会社の利益を表す (2.24) 式に代入すると

$$\begin{aligned}
v &= m + s\left(1 - \frac{c}{\sqrt{cs}}\right) - \sqrt{cs} \\
&= m + s - 2\sqrt{cs}
\end{aligned} \tag{2.26}$$

が得られる．(2.26) 式は，査察費用 c が高まると，本社が海外子会社から得る利益が低下することを意味している．

2.3.2 多項ロジットモデル

　実証分析の俎上に載せるため，i 国から j 国への直接投資を考える．j 国への海外子会社数を n_j で表し，子会社が得られる最低限の利益 m は投資国に依存（m_i），海外子会社の努力による追加的な利益 s は投資先に依存（s_j），また査察費用は投資国と投資先に依存（c_{ij}）する状況を考える．また，この他にランダムな要素 ϵ_{ij} を考慮する．このとき，(2.26) 式より次式が得られる．

$$\tilde{v}_{ij} \equiv v_{ij} + \epsilon_j = m_i + s_j - 2\sqrt{c_{ij}s_j} + \epsilon_j \tag{2.27}$$

ここで ϵ_j は形状パラメター（shape parameter）σ，位置パラメター（location parameter）μ_i のガンベル分布（Gumbel distribution）に従うとする[24]．

　ここで，i 国の企業が j 国に直接投資を行うことは，i 国の資本ストックのうちの一部が j 国へと向かうことを意味している[25]．いま，i 国の資本ストックを K_i で表す．また，i 国の資本ストックのうち j 国に向かう資本ストックの合計とそのシェアをそれぞれ F_{ij} と π_j で表すと，i 国から j 国に向かう資本ストックの合計は

$$F_{ij} = \pi_{ij}K_i \tag{2.28}$$

と表すことができる．

　i 国の企業は，海外子会社から得られる利益が最大になる国に投資を行うとする．すなわち，

$$\max \tilde{v}_{ij} > \max \tilde{v}_{il} \quad \forall l \neq j \tag{2.29}$$

---

[24] ガンベル分布の特徴については補論 2.A を参照して欲しい．

[25] 厳密には，この直接投資のグラビティモデルは（時間の概念のない）静学的な枠組みにもとづいているため，フローとストックの概念の区別がなされていない．資本のフローとストックの概念を区別するためには理論モデルを動学的な枠組みへと拡張していく必要があるが，これはまだ解決されていない研究課題である．

が成立する. ϵ_j が海外子会社数 n_j で形状パラメター σ, 位置パラメ
ター μ_i のガンベル分布に従い, i 国の企業は海外子会社から得られる
利益が最大になる国に投資を行うため, i 国の企業が j 国に保有する
資本ストックシェア π_{ij} は次のような多項ロジットモデルの形で表す
ことができる[26].

$$\pi_{ij} = \frac{\exp\left[\ln n_j + \left(\mu_j + s_j - 2\sqrt{c_{ij}s_j}\right)/\sigma\right]}{\sum_l \exp\left[\ln n_l + \left(\mu_l + s_l - 2\sqrt{c_{il}s_l}\right)/\sigma\right]} \tag{2.30}$$

(2.28) 式を (2.30) 式に代入すると i 国が j 国に所有する資本ストック
は次式のように表現できる.

$$F_{ij} = K_i n_j \exp\left[(\mu_j + s_j)/\sigma - \Gamma_{ij}\right]\Pi_i^{-1} \tag{2.31}$$

ここで,

$$\Gamma_{ij} \equiv 2\sqrt{(c_{ij}s_j)}/\sigma \tag{2.32}$$

と

$$\Pi_i \equiv \sum_l n_l \exp\left[(\mu_l + s_l)/\sigma - \Gamma_{il}\right] \tag{2.33}$$

である. ここで, Γ_{ij} は c_{ij} が含まれるため, i 国と j 国の二国間の（査
察を含む）投資の費用と解釈できる. また, Π_i は全ての国について投
資国の収益と投資費用を考慮したものであり, i 国にとっての他国の
（投資先としての）魅力と解釈できる[27].

　(2.31) 式の両辺に対数を取ると, 最初の初項 $\ln K_i$ は i 国の規模をと

---

[26] (2.30) 式の導出については, 補論 2.A を参照して欲しい.

[27] de Sousa and Lochard (2011) では他国の影響を考慮していることを明示的に示すため,
添え字に i ではなく il が利用されていた（このため, Π_i ではなく, Π_{il} と表示され
ていた）. しかし実際には, Π_{il} は,(2.33)式のように, 全ての l について集計されてい
るため（すなわち, l のバリエーションが生じないため）, 本書では添え字に i のみ
を利用している.

らえるものである．$\ln \Pi_i$ には i 国と j 国以外の国の要因も反映される
ため，(2.20) 式の多角的貿易抵抗指数に対応するものと解釈でき，以
下ではこの項を多角的効果と表現する．また，$\ln n_j + (\mu_j + s_j)/\sigma$ は j
国側の規模と収益性をとらえるものである．

$$
F_{ij} = \exp \left[\underbrace{\ln K_i}_{\text{投資国の要因}} \quad \underbrace{+\ln n_j + (\mu_j + s_j)/\sigma}_{\text{受入国の要因}} \quad \underbrace{-\Gamma_{ij}}_{\text{投資費用の要因}} \quad \underbrace{-\ln \Pi_i}_{\text{多角的要因}} \right]
$$

(2.34)

この (2.34) 式が de Sousa and Lochard (2011) による直接投資のグラビ
ティモデルであり，国際貿易のグラビティモデルである (2.20) 式に対
応するものである．ただし，厳密には，国際貿易のグラビティモデル
と異なり，de Sousa and Lochard (2011) の直接投資のグラビティモデル
は投資国 i の多角的効果しか含まれていない．Head and Ries (2008) は
M&A に注目し，M&A の対象となる企業数に制約を課すことでこの問
題を回避している．本書の分析でも同様の考え方にもとづき，直接投
資件数には上限があると仮定し，投資国 i の多角的効果だけでなく投
資受入国 j の多角的効果も含めた次のような回帰式を実証分析に利用
する．

$$
F_{ij} = \exp \left[\underbrace{\ln K_i}_{\text{投資国の要因}} \quad \underbrace{+\ln n_j + (\mu_j + s_j)/\sigma}_{\text{受入国の要因}} \quad \underbrace{-\Gamma_{ij}}_{\text{投資費用の要因}} \quad \underbrace{-\ln \Pi_i - \ln \Phi_j}_{\text{多角的要因}} \right]
$$

(2.35)

なお，Head and Ries (2008) や de Sousa and Lochard (2011) の他にも，
直接投資のグラビティモデルを理論的に導出しようと試みた研究は存
在する．例えば，Kleinert and Toubal (2010) と Schmeiser (2013) は i 国
と j 国の間の直接投資海外子会社の売上に関するグラビティモデルを
理論的に導出している．しかし，いずれの理論モデルも i 国と j 国の間

の直接投資ではなく j 国から i 国に進出した海外子会社の売上を説明しようとするモデルになっている．また，やや技術的だが，Schmeiser (2013) のモデルは賃金が国と財によって異なる形で設定されており，どのような労働市場を念頭においているのかが必ずしも明確でない[28]．このような問題から，本書では Head and Ries (2008) と de Sousa and Lochard (2011) の研究に注目した．

第 2 章補論

補論 2.A ガンベル分布の特徴と (2.30) 式の導出

いま，ある確率変数 x_i $(i = 1, ..., n)$ が形状パラメター σ，位置パラメター μ のガンベル分布に従うとき，x_i の累積分布関数 $F(x)$ は次のように表現できる．

$$F(x) = \exp\left[-\exp\left(-\frac{x-\mu}{\sigma}\right)\right] = \exp\left[-\exp\left(-\frac{x}{\sigma}+\frac{\mu}{\sigma}\right)\right] \quad (2.36)$$

このうち第二項の μ/σ は全ての i に共通しているため j の選択に影響しない．また，$x_j + v_j$ が j を選択することで得られる利得であり，x_j が (2.36) 式のガンベル分布に従うとすると j が選択される確率（j の選択確率）は

$$P_j = \frac{\exp(v_j/\sigma)}{\sum_{l=1}^{n}\exp(v_j/\sigma)} \quad (2.37)$$

と表されることが知られている (Anderson et al., 1992, pp.39–40)．ここで，μ/σ は j の選択に影響しないため，選択確率を計算する上では消

---

[28] 賃金が国と財によって異なるということは，労働市場が国だけでなく財によっても分断されていることを意味している．国内の労働者がある特定の財市場の中でしか移動できないという仮定はやや特殊である．

去されている.

さらに，ガンベル分布が観測値数 n を持つとき，ガンベル分布から得られた x の最大値の累積分布関数は

$$F(x) = \exp\left\{ -\exp\left[-\frac{x - (\mu + \sigma \ln n)}{\sigma} \right] \right\} \tag{2.38}$$

とガンベル分布になることが知られている (Head and Ries, 2008, p.6). ここで，本文のように μ と n が j によって異なるなら，μ_j と n_j より

$$F(x) = \exp\left[-\exp\left(-\frac{x}{\sigma} + \frac{\mu_j}{\sigma} + \ln n_j \right) \right] \tag{2.39}$$

となる．μ と n が j に依存することに注意すると，j の選択確率は

$$P_j = \frac{\exp(v_j/\sigma + \mu_j/\sigma + \ln n_j)}{\sum_{l=1}^{} \exp(v_l/\sigma + \mu_l/\sigma + \ln n_l)} \tag{2.40}$$

となる.

本文の場合，(2.27) 式より，本社が子会社から得る利益は

$$\tilde{v}_{ij} = v_{ij} + \epsilon_j = m_i + s_j - 2\sqrt{c_{ij}s_j} + \epsilon_j \tag{2.41}$$

となり，利得 $x_j + v_j$ はそれぞれ (2.41) 式の ϵ_j と v_{ij} に相当する．このうち，v_{ij} の m_i は全ての投資先国 j に共通しているため，j 国の選択に影響しない（ため，消去できる）．このため，i 国企業による j 国の選択確率は次式のように表される.

$$P_{ij} = \frac{\exp\left[\ln n_j + \left(\mu_j + s_j - 2\sqrt{c_{ij}s_j} \right)/\sigma \right]}{\sum_l \exp\left[\ln n_l + \left(\mu_l + s_l - 2\sqrt{c_{il}s_l} \right)/\sigma \right]} \tag{2.42}$$

ここで，海外子会社数 n_j と投資先数 j が十分に大きい場合

$$P_{ij} \approx \pi_{ij} \tag{2.43}$$

となり，i 国の資本ストックのうち j 国に向かう資本ストックのシェアが選択確率によって近似できることになる (de Sousa and Lochard, 2011, p.558).

補論 **2.B** **(2.18)** 式と **(2.20)** 式の誤差項の違い

i 国と j 国の貿易を T_{ij}，独立変数のベクトルを x_{ij}，その係数を β，誤差項を ε_{ij} で表すとする．このとき，(2.20) 式に対応する回帰式は次のように表すことができる．

$$T_{ij} = \exp(x_{ij}\beta) + \varepsilon_{ij} \tag{2.44}$$

この式は次のように書き直すことができる．

$$T_{ij} = \exp(x_{ij}\beta)\eta_{ij} \tag{2.45}$$

ここで

$$\eta_{ij} = 1 + \varepsilon_{ij}/\exp(x_{ij}\beta) \tag{2.46}$$

(2.45) 式で両辺対数を取ると (2.18) 式に対応する回帰式を導くことができる．

$$\ln T_{ij} = x_{ij}\beta + \ln \eta_{ij} \tag{2.47}$$

ただし，(2.47) 式を最小二乗法（Ordinarly Least Squares: OLS）で推定する場合は注意が必要である．OLS の仮定から，誤差項 η_{ij} と独立変数 x_{ij} は無相関である必要がある．そのためには，η_{ij} が x_{ij} から独立する必要がある．いま，v_{ij} がランダムな誤差項であるとすると，η_{ij} が x_{ij} から独立するためには

$$\varepsilon_{ij} = v_{ij}\exp(x_{ij}\beta) \tag{2.48}$$

となる必要がある．言い換えれば誤差項 ε_{ij} がこのような特殊な形のとき，対数線形の回帰式 (2.18) 式が成り立つことになる．このことか

ら，Santos Silva and Tenreyro (2006) は (2.18) 式ではなく (2.20) 式を推定することを提案している.

第3章　実証分析の方法とデータ

3.1　グラビティモデルの変数とデータ

3.1.1　基礎的グラビティ変数

　第2章では直接投資のグラビティモデルが (2.31) 式で表されることを説明した．ここで時間 t を考慮すると (2.35) 式は次のように書き直すことができる．

$$F_{ijt} = \exp\left[\underbrace{\ln K_{it}}_{\text{投資国の要因}} \underbrace{+\ln n_{jt} + (\mu_{jt} + s_{jt})/\sigma}_{\text{受入国の要因}} \right.$$

$$\left. \underbrace{-\Gamma_{ijt}}_{\text{投資費用の要因}} \underbrace{-\ln \Pi_{it} - \ln \Phi_{jt}}_{\text{多角的要因}} \right] \tag{3.1}$$

　第3章では，この式を実際にデータを用いて推定する方法を説明する．この式に対応する変数は多くの標準的なグラビティモデルの推定で用いられている変数である．このため，本書はこれらの変数を基礎的グラビティ変数と呼ぶことにし，コントロール変数と区別して扱う．以下ではまず，従属変数と基礎的グラビティ変数について解説する．

　F_{ijt} は t 年における i 国から j 国への直接投資である．本書では対内直接投資に注目するため，j 国が自国，i 国が投資国となる．また，F_{ijt} は資本ストックとして表現されていることに注意すると，このグ

ラビティモデルでは左辺はストックとしてとらえることになる．

　対内直接投資のストックのデータは経済協力開発機構（Organisation for Economic Co-operation and Development: OECD）の発表する *International Direct Investment Statistics Database* より得た．OECD のデータベースでは，対内直接投資は海外の法人・個人による国内への投資，及び純貸付によって測られている．第 1 章で述べたように，直接投資は経営への参加を意味しているが，実際に投資が経営への参加を目的としているか，そうでないかをデータから判断することは難しい．そこで，OECD のデータベースは，先の UNCTAD (2021) と同様に，出資比率 10％を基準として，それを超える投資を直接投資として計上している（OECD, 2015）．なお，OECD は 2008 年に直接投資統計の集計方法を変更している．この詳細については，コントロール変数の説明で解説する．

　自国の資本ストック K_{it} は経済規模に比例すると考えらえる．事実，Head and Ries (2008) では，資本ストックの分布の 93％以上は GDP によって説明できることが確認されている．このため，本書では自国の GDP を自国の資本ストックの代理変数として利用する[29]．また，受入国における投資案件数 n_j も経済規模に比例すると考えられるため，受入国の GDP を投資案件数 n_j の代理変数として利用する．なお，de Sousa and Lochard (2011) も自国の GDP と受入国の GDP をそれぞれ自国の資本ストックと受入国の投資案件数の代理変数として利用している．GDP のデータは World Bank の *World Development Indicators* より各国

---

[29] ここで，各国の資本ストックの情報をそのまま利用することを提案する方もいるかもしれない．しかし，現実の各国の資本ストックには自国企業の資本ストックだけでなく外国企業の所有する資本ストックも含まれるため，各国の資本ストックの情報をそのまま用いると解釈が難しくなるという問題が生じる．

の名目 GDP 値（単位：US ドル）を利用した[30].

　ここで，二国間の投資費用 Γ_{ijt} は，Head and Ries (2008) に従い，地理的・文化的な距離に依存するとする．一般に，地理的・文化的な距離は時間に依存するような性質のものではないと考えられるため，次のような関数を考える．

$$\Gamma_{ij} = \delta_1 \ln D_{ij} + \delta_2 \text{Contiguity}_{ij} + \delta_3 \text{Language}_{ij}$$
$$+\delta_4 \text{LingDist}_{ij} + \delta_5 \text{Colony}_{ij} + \delta_6 \text{LegalOrigin}_{ij}$$
$$+\delta_7 \text{Religion}_{ij} \tag{3.2}$$

地理的な距離をとらえるために，2 つの変数を利用する．一つは D_{ij} は二国間の距離である．もう一つは次のような国境ダミーである．

- 国境ダミー

$$\text{Contiguity}_{ij} = \begin{cases} 1 & i \text{ 国と } j \text{ 国の国境が接している場合；} \\ 0 & \text{そうでない場合} \end{cases}$$

これらの二国間の距離と国境ダミーの変数は CEPII の *Gravity Database* より得た．なお，二国間の距離はそれぞれの首都の間の距離として定義する．

　文化的な距離を数値化するのは容易ではないが，ここでは CEPII の *Gravity Database* の文化的変数に注目し，言語的近接性，歴史的近接性，法制度の近接性をとらえる次の 5 つの変数を利用する．

---

[30] なお，GDP のデータは後述する CEPII の *Gravity Database* でも利用可能だが，本研究の分析期間においては *World Development Indicators* の方がより多くの国をカバーしていたため，本書では *World Development Indicators* を利用している．

- 共通言語ダミー：

$$
\text{Language}_{ij} =
\begin{cases}
1 & i \text{ 国と } j \text{ 国の言語が共通の場合}; \\
0 & \text{そうでない場合}
\end{cases}
$$

- 二国間の言語の距離：

$$
\text{LingDist}_{ij}
$$

- 旧植民地ダミー：

$$
\text{Colony}_{ij} =
\begin{cases}
1 & i \text{ 国と } j \text{ 国が過去に植民地の関係にあった場合}; \\
0 & \text{そうでない場合}
\end{cases}
$$

- 法制度ダミー：

$$
\text{LegalOrigin}_{ij} =
\begin{cases}
1 & i \text{ 国と } j \text{ 国の法制度が同じ場合}; \\
0 & \text{そうでない場合}
\end{cases}
$$

- 宗教的類似性：

$$
\text{Religion}_{ij}
$$

国境ダミー，共通言語ダミー，二国間の言語の距離，旧植民地ダミー，法制度ダミー，宗教の類似性は GDP と同じく CEPII の *Gravity Database* より得た．共通言語は人口の少なくとも 9％の会話言語が共通している場合に共通言語とみなされる．言語の距離は adjusted value of linguistic proximity を利用した．これは 0 から 100 までの値を取るものであり，大きくなるほど言語の距離が近く，逆に小さくなるほど言語の距離が遠いことを示すものである．言語距離の変数の詳細は Melitz and Toubal

(2014) を参照して欲しい[31].

　また，植民地はこれまでに植民地と宗主国の関係にあった場合，あるいは同じ宗主国の下での植民地同士だった場合に植民地の関係があるとみなされる．法制度については東西ドイツ統一後の1991年以降の法制度が用いられている．Disdier and Mayer (2007) によれば，宗教的類似性は i 国と j 国のカトリック，プロテスタント，イスラム教徒のシェアを掛けたものであり，0 から 1 の値を取る．これらの変数の詳細については，Conte et al. (2021) を参照して欲しい.

　一般に，国と国の距離が近い場合，国境が接している場合，言語の距離が近い，あるいは共通な場合，植民地と宗主国の関係にあった場合，法制度が同じ場合，そして宗教が類似している場合，そうでない場合と比べて商業取引が容易になる可能性が高い．このため，二国間の投資が活発化すると期待される．なお，これらの地理的・文化的距離の変数には時間を表す添え字 t がついていない点に注意して欲しい.これは，分析の対象期間を通じて変化がないことを意味している.

　国際貿易のグラビティモデルでは，多角的効果をとらえる上で国固定効果，あるいは国・年固定効果が利用されている (Yotov et al., 2016).しかし，脚注 50 で説明するように，国固定効果や国・年固定効果は本研究の分析への適用が難しい[32]．このため，本研究では de Sousa and Lochard (2011) にならい，多角的効果を変数として含める方法を採用する．この de Sousa and Lochard (2011) は次のようなものである.

　いまある年の j の対内直接投資総額（フロー）を Total FDI$_j$ で表す

---

[31] CEPII のデータではベルギーとルクセンブルグが同じ国として扱われている．一方，直接投資のデータは国ごとに整備されているため，両国を分離し，ベルギーとルクセンブルグの間の言語の距離を測る必要がある．ここでは両国が最も高い近接性を持つと仮定し，サンプルの中で最大値を取るボスニアヘルツェゴビナとクロアチアと同じ値を取るとした.

[32] 国・年固定効果を利用すると，国・年特有の変数と完全に相関してしまうため，GDPなどの変数を回帰分析に含めることができなくなってしまうという問題も生じる.

とする．第 2 章で説明したように，Π_{it} は i 国にとっての他国の（投資先としての）魅力を表していることに注意し，de Sousa and Lochard (2011) は各年について次のような 2 種類のダミー変数（D1 と D2）を含めた回帰分析を行った[33]．

$$\frac{\text{Total inward FDI}_j}{\text{GDP}_j} = \alpha_0 + \alpha_1 \text{D1}_{i|i \neq j} + \alpha_2 \text{D2}_{-j} + u_j \qquad (3.3)$$

ここで，左辺は j 国の純対内直接投資総額・GDP 比率であり，経済規模を考慮した対内直接投資額を意味している．

　なお，de Sousa and Lochard (2011) は (3.3) 式の左辺を対数値としている．しかし，対内直接投資総額は純額であるため，統計上はマイナスの値にもなりうる．これは対内直接投資として j 国に入るものだけでなく，対内直接投資のうち撤退するものも含まれるためである．例えば，*World Development Indicators* では，日本の 1996 年の対内直接投資総額（フロー）はマイナスの値となっている．マイナスの値の対数値は欠損値となるため，推定に含めることができない．このような問題を回避するため，ここでは対数を取らない定式化を利用している[34]．また，2 つのダミー変数はそれぞれ

$$\text{D1}_{i|i \neq j} = \begin{cases} 1 & i \text{ が } j \text{ 国と異なる} ; \\ 0 & \text{そうでない場合} \end{cases}$$

---

[33] なお，(3.3) 式は各年ごとに推定するため，t の添え字を省略しているが，時間を考慮すると $\hat{\alpha}_{2t} = \Pi_{it}$ である．

[34] de Sousa and Lochard (2011) は対数値による定式化で $\hat{\alpha}_2$ を推定した後，exponential を取るという作業を行っているため，求められる α_2 は実質的には（マイナスの値を考慮するかという点を除いて）同じである．

および

$$
\mathrm{D2}_{-j} =
\begin{cases}
0 & j \text{ 国である} ; \\
1 & \text{そうでない場合}
\end{cases}
$$

である．$\mathrm{D1}_{i|i\neq j}$ は i 国以外の投資国を考慮した効果であり，$\mathrm{D2}_{-j}$ は j 国以外の投資受入国の効果である．このため，de Sousa and Lochard (2011) は $\hat{\alpha}_2$ が（i 国以外の投資国の影響を考慮した）j 国以外の国の投資先としての魅力，すなわち投資受入国の多角的効果（$\hat{\alpha}_2 = \Pi_i$）と解釈している．

　これらのダミー変数を直感的に理解するため，日本（JPN），アメリカ（USA），中国（CHN）という 3 か国の例をもとに説明する．いま，$(i, j) = (\mathrm{JPN, USA})$ と $(i, j) = (\mathrm{JPN, CHN})$ の組み合わせを考える．このとき，$\mathrm{D1}_{i|i\neq j}$ と $\mathrm{D2}_{-j}$ は表 3.1 のようにまとめることができる．表 3.1 の上段より，$\mathrm{D1}_{i|i\neq j}$ が投資国である i 国（=JPN）以外の時に 1 になる変数，$\mathrm{D2}_{-j}$ が投資受入国である j 国（=USA）以外のときに 1 になる変数となっていることが確認できる．下段も同様である．このため，$\mathrm{D1}_{i|i\neq j}$ は i 国以外の投資国の効果をとらえるものであり，$\mathrm{D2}_{-j}$ は j 国以外の投資受入国の効果をとらえるものとなっている．回帰分析による多角的効果の推定はこの i 国と j 国の組み合わせごとに行われる．

　(3.3) 式は対内直接投資に注目したものだが，対外直接投資についても同様に考えることができる．すなわち

$$
\frac{\text{Total outward FDI}_i}{\mathrm{GDP}_i} = \gamma_0 + \gamma_1 \mathrm{D1}_{j|j\neq i} + \gamma_2 \mathrm{D2}_{-i} + u_i \tag{3.4}
$$

ここで，左辺は j 国の純対外直接投資総額・GDP 比率であり，経済規模を考慮した対外直接投資額を意味している．また，$\mathrm{D1}_{j|j\neq i}$ と $\mathrm{D2}_{-i}$

表 3.1　ダミー変数の例：対内直接投資

$(i, j) = $ (JPN, USA) 従属変数	$D1_{i \mid i \neq j}$	$D2_{-j}$
Total inward FDI_{JPN}/GDP_{JPN}	0	1
Total inward FDI_{USA}/GDP_{USA}	1	0
Total inward FDI_{CHN}/GDP_{CHN}	1	1
$(i, j) = $ (JPN, CHN) 従属変数	$D1_{i \mid i \neq j}$	$D2_{-j}$
Total inward FDI_{JPN}/GDP_{JPN}	0	1
Total inward FDI_{USA}/GDP_{USA}	1	1
Total inward FDI_{CHN}/GDP_{CHN}	1	0

はそれぞれ

$$D1_{i \mid j \neq i} = \begin{cases} 1 & j \text{ が } i \text{ 国と異なる；} \\ 0 & \text{そうでない場合} \end{cases}$$

および

$$D2_{-j} = \begin{cases} 0 & i \text{ 国である；} \\ 1 & \text{そうでない場合} \end{cases}$$

であり，$D1_{i \mid i \neq j}$ は j 国以外の投資受入国を考慮した効果，$D2_{-i}$ は i 国以外の投資国の効果である．このため，(3.3) 式と同様に，$\hat{\gamma}_2$ は投資国側から見た多角的効果であり，（投資先の魅力に対比して）投資国の意欲と解釈することができる．

　再びこれらのダミー変数を理解するため，日本（JPN），アメリカ（USA），中国（CHN）という 3 か国の例をもとに説明する．いま，$(i, j) = $ (JPN, USA) と $(i, j) = $ (JPN, CHN) の組み合わせを考える．このとき，$D1_{j \mid j \neq i}$ と $D2_{-i}$ は表 3.2 のようにまとめることができる．表 3.2 の上段より，$D1_{j \mid j \neq i}$ が投資受入国である j 国（=USA）以外の時に 1 になる変数，$D2_{-i}$ が投資国である i 国（=JPN）以外のときに 1 になる

表 3.2　ダミー変数の例：対外直接投資

$(i, j) = $ (JPN, USA) 従属変数	$D1_{j\|j\neq i}$	$D2_{-i}$
Total outward FDI$_{\text{JPN}}$/GDP$_{\text{JPN}}$	1	0
Total outward FDI$_{\text{USA}}$/GDP$_{\text{USA}}$	0	1
Total outward FDI$_{\text{CHN}}$/GDP$_{\text{CHN}}$	1	1
$(i, j) = $ (JPN, CHN) 従属変数	$D1_{j\|j\neq i}$	$D2_{-i}$
Total outward FDI$_{\text{JPN}}$/GDP$_{\text{JPN}}$	1	0
Total outward FDI$_{\text{USA}}$/GDP$_{\text{USA}}$	1	1
Total outward FDI$_{\text{CHN}}$/GDP$_{\text{CHN}}$	0	1

変数となっていることがわかる．下段も同様である．このため，$D1_{j\|j\neq i}$ は j 国以外の投資受入国の効果をとらえるものであり，$D2_{-i}$ は i 国以外の投資国の効果をとらえるものとなっている．先と同様に，回帰分析による多角的効果の推定はこの i 国と j 国の組み合わせごとに行われる．

これらの (3.3) 式と (3.4) 式を推定する上で，対内直接投資額と対外直接投資額，及び投資国と投資受入国の GDP のデータが必要になる．潜在的な投資受入国や投資国は OECD 加盟国に限られないため，分析のデータは World Bank の *World Development Indicators* から得た．なお，上述したように，回帰分析による多角的効果の推定はこの i 国と j 国の組み合わせごとに行われることに注意して欲しい．サンプルが 160 か国から成る場合，異なる D1 と D2 の組み合わせは 25,000 を超え，それが 20 年を超えると (3.3) 式と (3.4) 式をそれぞれ少なくとも 50 万回（=25,000×20 回）推定する必要がある．多角的効果の推定には大きな計算量を要する点に注意して欲しい．

また，一般に，ストックの変数はトレンドを持つが，各年の各国共通なショックをより柔軟にコントロールするため，トレンド項ではなく年固定効果 d_t を含める[35]．

35　年固定効果とトレンド項は同時に含められないことに注意して欲しい．

52

　なお，二国間の対内直接投資はゼロの値を取ることがある．欠損値
の場合，報告がなされていないために欠損値となることがあるため，ゼ
ロかどうかは不明である．一方，ゼロの場合は対内直接投資額がゼロ
となることを意味しており，欠損値とは明確に区別する必要がある．グ
ラビティモデルの推定では，貿易額や直接投資額がゼロとなるケース
を含めて分析するために，Santos Silva and Tenreyro (2006) によって提
示された PPML と呼ばれる推定方法が利用されてきた．しかし，多数
の独立変数を含む非線形回帰の推定にベイズモデル平均化法を用いる
と，計算量が膨大になり，計算に多大な時間を要することになる．こ
のような問題を避けるため，ベイズモデル平均化法にもとづく分析で
は，(3.6) 式に両辺対数を取った対数線形回帰式を用いる．

　ただし，対数線形回帰式の場合，対内直接投資額がゼロのデータを
扱うことができない．これはゼロの値については対数が取れないため
である．このため，対数線形を用いる場合，従属変数にハイパボリッ
クサイン変換（hyperbolic sine transformation）を施した直接投資額を
用いた[36]．これまでと同様に，t 年における i 国から j 国への直接投資
額を F_{ijt} とし，ハイパボリックサイン変換後の直接投資額を $\tilde{F}_{ijt}$ で表
すと，$\tilde{F}_{ijt}$ は次のように表すことができる．

$$\tilde{F}_{ijt} = \ln\left(F_{ijt} + \sqrt{F_{ijt}^2 + 1}\right) \tag{3.5}$$

　これらをまとめると，ハイパボリックサイン変換後の対数線形回帰
式は次のように書き直すことができる．

$$\tilde{F}_{ijt} = \beta_0 + \beta_1 \ln\text{GDP}_{it} + \beta_2 \ln\text{GDP}_{jt} + \beta_3 \ln D_{ij}$$
$$+ \beta_4 \text{Contiguity}_{ij} + \beta_5 \text{Language}_{ij} + \beta_5 \text{LingDist}_{ij}$$
$$+ \beta_7 \text{Colony}_{ij} + \beta_8 \text{LegalOrigin}_{ij} + \beta_9 \text{Religion}_{ij}$$

---

[36] ハイパボリックサイン変換については，Pence (2006) に詳しい解説がある．また，ハ
イパボリックサイン変換を用いた直接投資の実証研究例に，Aisbett et al. (2018) や
Frenkel and Walter (2019) がある．

$$+\ln\Pi_{it}+\ln\Phi_{jt}+\boldsymbol{\beta}\boldsymbol{X}_{ijt}+d_t+\varepsilon_{ijt} \tag{3.6}$$

ここで，$\ln\Pi_{it}$ と $\ln\Phi_{jt}$ は多角的効果であり，$\ln\Pi_{it}=\hat{\alpha}_{2it}$ と $\ln\Phi_{jt}=\hat{\gamma}_{2jt}$ である．また，ε_{ijt} は測定誤差などを考慮した誤差項である．

3.1.2　コントロール変数

言うまでもなく，(3.6) 式のグラビティモデルは現実を極端に抽象化したモデルである．現実には，モデルで考慮されていない所得水準や市場の将来性などの変数が直接投資に影響を及ぼすことも考えられる．とりわけ，現実の政策を立案していく上では，経済規模や投資費用以外に重要な要因がないかを明らかにしていくことが重要になってくる．このため，グラビティモデルの分析では，コントロール変数として様々な変数が含められる．$\boldsymbol{X}_{ijt}$ はそのようなコントロール変数のベクトルである[37]．国レベルのコントロール変数といった場合，経済変数以外にも様々な変数が考えられるが，直接投資との関係を説明することが困難な変数を含めると，分析結果の解釈ができず，建設的な議論につながらなくなる．このため，本書ではこれまでの先行研究で用いられてきた以下の変数に注目する[38]．

コントロール変数としてまず挙げられるのは所得水準，すなわち 1 人当たり GDP（Per-capita GDP: PGDP）である．

1. 1 人当たり GDP（投資国 i）：

$$\ln\mathrm{PGDP}_{it}$$

2. 1 人当たり GDP（投資受入国 j）：

$$\ln\mathrm{PGDP}_{jt}$$

---

[37] 係数のベクトルは $\boldsymbol{\beta}=(\beta_{10},\beta_{11},\dots)$ である．

[38] 直接投資要因としては様々な変数が考えられる．Blonigen (2005) は先行研究で明らかにされた直接投資の要因を整理して説明している．

一般に，投資国 i の所得水準が高くなればなるほど，投資が拡大する
と考えるのが自然だろう．このため，直接投資も拡大すると考えられ
る．一方，受入国 j の所得水準には 2 つの側面がある．一つ目は賃金
水準という視点である．もし 1 人当たり GDP が賃金の代理変数であれ
ば，費用削減を目的とした直接投資が拡大することになる．二つ目は
購買力という視点である．もし 1 人当たり GDP が所得を意味するので
あれば，所得の増加は消費の増加につながるため，販売拡大を目的と
した直接投資が増加することが予想される．一般に，OECD 加盟国は
高所得国であるため，投資の受入国 j が OECD 加盟国の場合，それら
の国への直接投資は費用削減を目的とするよりは，販売拡大目的と考
えられるだろう．

　また，所得水準の類似性もコントロール変数として考えられる．貿
易の場合，所得水準が類似している国は消費の選好も類似しているた
め，貿易が活発化することが確認されている (Hallak, 2010)．直接投資
にも似たような傾向があるとすれば，所得水準が類似している国の間
で直接投資も活発化することが予想される．そこで本研究では，Hallak
(2010) に従い，次のような所得の類似性の指標を用いる．

　3. 所得水準の類似性：

$$\text{Similarity}_{ijt} = (\ln \text{PGDP}_{it} - \ln \text{PGDP}_{jt})^2$$

　また，1 人当たり GDP の水準だけでなく，成長率が直接投資に影響
を及ぼす可能性もある．例えば成長している国では，国内だけでなく
海外への投資も活発に行われている可能性がある．また，経済成長は
投資を引き付ける要因になることも考えられる．そこで本研究では，
GDP 及び 1 人当たり GDP の成長率についても，コントロール変数と
して利用する．すなわち，

4. GDP の成長率（投資国 i）:

$$\Delta \ln \mathrm{GDP}_{it} = \ln \mathrm{GDP}_{it} - \ln \mathrm{GDP}_{it-1}$$

5. GDP の成長率（投資国 j）:

$$\Delta \ln \mathrm{GDP}_{jt} = \ln \mathrm{GDP}_{jt} - \ln \mathrm{GDP}_{jt-1}$$

6. 1 人当たり GDP の成長率（投資国 i）:

$$\Delta \ln \mathrm{PGDP}_{it} = \ln \mathrm{PGDP}_{it} - \ln \mathrm{PGDP}_{it-1}$$

7. 1 人当たり GDP の成長率（投資国 j）:

$$\Delta \ln \mathrm{PGDP}_{jt} = \ln \mathrm{PGDP}_{jt} - \ln \mathrm{PGDP}_{jt-1}$$

これらの GDP, 1 人当たり GDP は World Bank の *World Development Indicators* から得た.

さらに, 本書の分析では貿易協定, 具体的には世界貿易機関（World Trade Organization: WTO）, 地域自由貿易協定（Regional Trade Agreement: RTA）, 関税同盟（Customs Union: CU）に関する次のようなダミー変数を利用する.

8. WTO ダミー:

$$\mathrm{WTO}_{ijt} = \begin{cases} 1 & i \text{ 国と } j \text{ 国が } t \text{ 年に WTO に加盟している場合}\,; \\ 0 & \text{そうでない場合} \end{cases}$$

9. RTA ダミー:

$$\mathrm{RTA}_{ijt} = \begin{cases} 1 & i \text{ 国と } j \text{ 国が } t \text{ 年に同じ RTA に加盟している場合}\,; \\ 0 & \text{そうでない場合} \end{cases}$$

10. CU ダミー：

$$
\mathrm{CU}_{ijt} = \begin{cases} 1 & i \text{ 国と } j \text{ 国が } t \text{ 年に同じ CU に加盟している場合；} \\ 0 & \text{そうでない場合} \end{cases}
$$

これらの貿易協定の変数は貿易のグラビティモデルの分析でよく利用されているものだが，貿易協定には国境を越えた企業活動についても取り決めがなされることがある．RTA には経済連携協定（Economic Partnership Agreement: EPA）も含まれるが，例えば日本とシンガポールが 2001 年に締結した EPA では貿易だけでなく投資の促進についての言及がなされている．このため，貿易協定の有無が二国間の直接投資に影響する可能性もある．なお，CU は RTA の特殊な形態である．このため，RTA は CU 以外の RTA の効果をとらえることになる．WTO 加盟のダミー変数は CEPII の *Gravity Database* より得た．また RTA と CU のダミーは Mario Larch 氏が作成する *Mario Larch's Regional Trade Agreements Database* から得た．

11. 為替レート：

$$
\mathrm{ExRate}_{ijt}
$$

12. 為替レートのボラティリティ：

$$
\mathrm{ExVol}_{ijt} = \frac{\sigma_{ijt}}{\overline{\mathrm{ExRate}}_{ijt}}
$$

ここで，σ_{ijt} は為替レートの標準偏差であり，$\overline{\mathrm{ExRate}}_{ijt}$ は為替レートの平均値である．

i 国の通貨が j 国の通貨と比べて相対的に高くなれば購買力が増すため，i 国から j 国への投資は拡大すると考えられる．また，為替レートのボラティリティが低いことも，両国間の商業取引を容易にするという意味で，貿易の拡大につながると予想される．Kiyota and Urata (2004)

はこれらの仮説が実証的に支持されることを日本の対外直接投資のデータで確認している．このため，本書でも，二国間の為替レート，及び為替レートのボラティリティをコントロール変数に含めることにした．

　為替レートは国際通貨基金（International Monetary Fund: IMF）が *International Financial Statistics* で発表する二国間の名目為替レートの年平均値を利用した．基準は投資国であり，為替レートが大きくなることは自国の通貨安となることを意味している[39]．また，為替レートのボラティリティには二国間の為替レートの変動係数を利用した．具体的には，IMF の *International Financial Statistics* から各国の名目為替レートの月平均値を入手し，この月平均のデータから各年ごとに二国間の為替レートの標準偏差と年平均値を計算して求めている．

　13. デフレダミー：

$$\text{Deflation}_{jt} = \begin{cases} 1 & j\, \text{国がデフレの状態にある場合；} \\ 0 & \text{そうでない場合} \end{cases}$$

　14. 法人税率：

$$\text{Tax}_{jt}$$

　為替レートに関連して，物価水準も重要な変数である．特にデフレーション（以下，デフレ）は物価の低下を意味しているため，デフレの進む国のものは相対的に購入しやすくなる．このため，直接投資が拡大することが予想される．一方，せっかく直接投資を行って収益を上げることができても，法人税が高い場合，税引き後の利益が小さくな

---

[39]　なお，単位の異なる通貨の為替レートの直接の比較は意味をなさない．これは，例えば1ドル=130円と1ユーロ=1,300韓国ウォンの場合，130円と1,300韓国ウォンを直接比較できないことからも明らかだろう．このような問題を避けるため，本書では Kiyota et al. (2008) と同様に，為替レートを分析期間の平均値で基準化することで，異なる通貨を直接比較できるようにした．

る．このため，他の条件が一定であれば，直接投資は法人税の高い国よりも低い国に向かいやすいと考えられる[40]．

　本書では，デフレーションを消費者物価指数（Consumer Price Index: CPI）がマイナスとなっている状況としてとらえる．CPI のデータは世界銀行（World Bank）の *World Development Indicators* より得た．また，法人税率には，OECD の *OECD Tax Database* より中央政府と地方政府の税率を合わせた集計税率（combined corporate income tax rates）を利用した．

　15. 雇用保護：

$$EmploymentProtect_{jt}$$

　16. 労働市場の柔軟性：

$$Flexibility_{jt}$$

　17. 人的資本：

$$HumanCapital_{jt}$$

　18. 投資受入国の会話言語と英語との距離：

$$English_j$$

　19. 市場の潜在性：

$$MarketPotential_{jt} = \ln \left(\sum_i GDP_{it}/D_{ij} \right)^{-1}$$

　さらに，投資受入国の労働市場，及び市場の潜在性の状況も対内

---

[40] 例えば，Damgaard et al. (2019) は世界の直接投資の40％が9つの低税率国・地域（バミューダ，香港，アイルランド，ルクセンブルグ，シンガポール，スイス，英領ヴァージニア諸島，ケイマン諸島，オランダ）に集中していると指摘している．なお，これらの GDP は合計しても世界の GDP の約3％に過ぎない．

直接投資の重要な要因となりうる．労働市場の状況を考慮するため，本書では次の 3 つの変数に注目する．一つ目は雇用保護規制の強さ（EmploymentProtect$_{jt}$）である．雇用保護の規制が高いところは直接投資が向かいにくいことが Dewit et al. (2009)，Olney (2013) といった研究によって確認されている．二つ目は労働市場の柔軟性（Flexibility$_{jt}$）である．労働市場が柔軟であれば人を雇いやすく，逆に労働市場が硬直的であれば人を雇いにくいと考えられる．ただし，労働市場の柔軟性，あるいは硬直性をどのようにとらえるかは必ずしも合意が得られているわけではない．そこで本書では Nakamura et al. (2019) にならい，15 歳から 64 歳までの労働力人口に対する短期失業者数の変化を用いる．ここで短期失業率とは過去 3 か月間の失業として定義する[41]．また，短期失業率の変化を各年で見ると労働市場の柔軟性ではなく景気変動の影響の指標になってしまう恐れがある．このため，短期失業者数の変化・労働者人口比率の過去 5 年の平均値を用いることにする．3 つ目は人的資本の豊富さ（HumanCapital$_{jt}$）である．他の条件が同じであれば，直接投資は人的資本がより豊富な国に対して行われると考えられる．本書では，この雇用保護の規制の強さと人的資本もコントロール変数として考慮することにする．

　雇用保護の指標については OECD の *Employment Protection Legislation* より常用雇用者の雇用保護の厳格さ（strictness of employment protection legislation: regular employment）を利用する．15 歳から 64 歳の労働力人口は World Bank の *World Development Indicators* から，そして 3 か月以内の短期失業者数は OECD の *Labour Force Statistics in OECD Countries* から得た[42]．また，人的資本については Groningen

---

[41] Nakamura et al. (2019) は短期失業率を 1 か月としていたが，韓国とイギリスは 1 か月以内の短期失業者数のデータが得られないため，本書では韓国とイギリスのデータも得られる過去 3 か月の失業者数を短期失業者数とした．

[42] より具体的には，OECD.Stat の Unemployment by duration の項目を利用している．

Growth and Development Centre の公表する *Penn World Table* の人的資本（human capital）を利用する．ここで，人的資本は各国の平均的な教育年数によって図られた指数として表されるものであり，平均的な教育年数が長くなれば人的資本の指数も高い値を取ることになる．

この人的資本に関連して，Hejazi and Ma (2011) は各国の公用語と英語との言語距離が直接投資の重要な要因になっていることを指摘している．そこで，Hejazi and Ma (2011) に従い，本書でも投資受入国の会話言葉と英語との言語距離を利用する．具体的には，CEPII の *Gravity Database* から，投資受入国の会話言語とイギリスとの言語距離を利用する．なお，English_j は投資受入国 j と英語との言語距離であり，大きくなるほど英語との距離が近く，逆に小さくなるほど英語との距離が遠いことを示すものである．このため，投資国 i と投資受入国 j の LingDist_{ij} の言語距離とは異なることに注意して欲しい[43]．

市場の潜在性は，Head and Mayer (2015) で紹介されている Hariss の市場潜在性の逆数（遠隔度指数とも呼ばれる）を利用する．この変数は経済規模（GDP）の小さな国や投資国から見て距離の遠い国に対して小さくなるものである．投資受入国からの距離は投資国によって異なるため，この変数は投資国から見た平均的な市場の潜在性を表すとも言える．なお，Head and Mayer (2015) はこの変数が多角的効果をとらえる上で不適切であることを確認しているが，本書では多角的効果の代理変数ではなく，あくまでコントロール変数の一つとして含めている．

さらに，直接投資も投資の一形態である以上，投資受入国の労働の市場環境だけでなく，金融の市場環境も影響しうると考えるのが自然だろう．そこで投資受入国の金融の市場環境を表す指標として，IMFが開発した次の6つの変数を利用する[44]．

---

[43] もちろん，投資国 i がイギリスである場合，LingDist_{ij} と English_j は一致する．
[44] この変数の詳細については，Svirydzenka (2016) を参照して欲しい．

20. 金融制度の深さ（Financial Institutions: Depth）：

$$\text{FID}_{jt}$$

21. 金融制度へのアクセス（Financial Institutions: Access）：

$$\text{FIA}_{jt}$$

22. 金融制度の効率性（Financial Institutions: Efficiency）：

$$\text{FIE}_{jt}$$

23. 金融市場の深さ（Financial Market: Depth）：

$$\text{FMD}_{jt}$$

24. 金融市場へのアクセス（Financial Market: Access）：

$$\text{FMA}_{jt}$$

25. 金融市場の効率性（Financial Market: Efficiency）：

$$\text{FME}_{jt}$$

最初の 3 つの変数は各国の金融制度（financial institutions）を指数化したものであり，残りの 3 つの変数は各国の金融市場（financial markets）を指標化したものである．いずれも，深さ，アクセス，効率性の 3 つの側面がある．IMF はこれらの 6 つの指標を集計して Financial Development Index として発表している。本書では，金融市場のどの側面が重要かを明らかにするため，集計される前の 6 つの指標それぞれを利用する．

　この他，受入国の将来性を示す指標として次の 3 つの変数を利用する．

26. 平均寿命：

$$\text{LifeExpectancy}_{jt}$$

27. 高齢者・若年者比率：

$$\text{OldPopulation}_{jt}$$

28. 政府債務・GDP 比率：

$$\text{DebtGDP}_{jt}$$

平均寿命，高齢者・若年者比率，政府債務・GDP 比率はグラビティモデルで用いられてきた変数ではないが，マクロ経済状況を表す変数として含めている[45]．例えば経済成長の要因分析では，平均寿命は国民の健康状態を表す指標として利用されており，この指標が高い国ほど経済成長が高い傾向にあることが確認されている (Barro, 1997)．このため，平均寿命の高い国は高い経済成長が期待できることになる．一方，Bloom et al. (2010) は OECD 諸国を対象として，高齢者・若年者比率の高まりが貯蓄の低下や労働参加率の低下につながり，それが経済成長の低下につながることを確認している．このため，高齢者・若年者比率の高い国は成長の期待が見込めず，直接投資が向かわないという可能性がある．また，Checcherita-Westphal and Rother (2012) は，ヨーロッパ諸国において，GDP 比で 70–80％を超えるような政府債務のある国は経済成長が低い傾向にあることを確認している．この背後には，将来の税負担の増加が消費や貯蓄（そして投資）の抑制につながると考えられるためである．Panizza and Presbitero (2014) や Salotti and Trecroci (2016) も同様に，OECD 諸国において，政府債務の高さが投資の抑制につながっていることを明らかにしている．このため，政府債務の拡大はやはり将来の経済成長の期待を低下させうることが予想される．

なお，これらの変数，及び以下のマクロ経済状況を表す変数は受入国 j だけでなく，投資国 i についても同様に定義できるが，投資国 i

---

[45] 福田 (2017) は，欧米に比べて日本の国内市場に対する将来不安を高めている要因として，急速な少子高齢化の進展や巨額に累積した財政赤字を挙げている．

についても同じ変数を作ろうとすると，欠損値を持つ国が多くなって
しまい，結果としてサンプルサイズが小さくなってしまうという問題
が生じる．本書の分析の主眼は対内投資にあるため，ここでは受入国
j の情報のみを利用し，十分なサンプルサイズを確保することを優先
した．

29. 統計制度変更ダミー：

$$
\text{BMD4}_{jt} =
\begin{cases}
1 & j \text{ 国が BMD4 の制度で統計を公表 ;} \\
0 & \text{そうでない場合}
\end{cases}
$$

先述したように，OECD は 2008 年に直接投資統計の集計方法を変
更している．具体的には，ベンチマーク定義（Benchmark Definition:
BMD) を第 3 版から第 4 版へと変更している．この定義の変更の前後
では，直接投資の統計に断層が生じている可能性があるが，変更の導
入年は国によって異なる．このような統計制度変更の影響を考慮する
ため，統計制度変更ダミーをコントロール変数に追加している．

なお，コントロール変数のうち二国間の変数（添え字 i と j の付いた
変数）は投資費用の関数に含めることもできるが，投資費用 Γ_{ijt} の関
数も決まった形があるわけではない．このため，ここではコントロー
ル変数として扱っている．基礎的グラビティ変数とコントロール変数
の合計は（年固定効果も含め）63 である．

本書の分析はこれら全ての変数が利用できる国・年を対象としてい
る．このため，例えば韓国は分析期間を通じて対内直接投資のデータ
が利用可能だが，2007 年以前の政府債務のデータが利用できない．こ
のような場合，2006 年以前の韓国は分析の対象から外れることになる．
また，対内直接投資のデータは OECD 加盟国に限定しているため，分
析対象となる投資受入国も OECD 加盟国に限定されることになる．一
方，投資相手国はデータの利用できる全ての国が対象である．

3.1.3 分析に利用できなかった変数

コントロール変数の候補はこの他にも考えられるが,検討の結果,分析に含めなかったものがある.以下,本節では,候補となった変数と含められなかった理由について触れておきたい.

- 二国間投資協定

二国間投資協定（bilateral investment treaties）の有無も直接投資に影響を及ぼす可能性があるが,世界銀行の *Database of Bilateral Investment Treaties* は 2014 年までしか利用可能でない.二国間投資協定の変数を含めると分析の対象期間が短くなってしまうため,分析に含めることができなかった.

- 英語能力

本書では,各国の公用語と英語との言語距離を用いているが,人々の英語能力は時間を通じて変化する可能性がある.例えば英語教育に国を挙げて力を入れれば,公用語と英語との距離が遠い国でも,言語的な障壁は低くなるかもしれない.しかし,筆者が知る限り,本書の分析期間のすべてをカバーするような英語能力を示す変数は利用可能でない.例えば英語能力を示す指標として,Education First が発表する English Proficiency Index があるが,この指数が利用可能なのは 2011 年以降であり,また 2011 年当初は 44 か国のデータしか利用可能でない.このような理由から,英語能力が時間を通じて変化する点については考慮することができなかった.

- 直接投資制限指数

OECD が発表する直接投資制限指数（OECD FDI Regulatory Restrictiveness Index）は継続的に調査が始まったのは 2010 年以降（それ以前は 1997 年,2003 年,2006 年）となっている.二国間投資協定と同様

に，直接投資制限指数を含めると分析の対象期間が短くなってしまうため，分析に含めることができなかった.

- 開放度

　各国の開放度（openness）をとらえる上でよく利用されている指標の一つに，貿易・GDP 比率がある[46]. ここで貿易とは輸出額と輸入額の総和であり，経済規模が一定の下で，開放度の高い国ほど貿易額は大きくなり，逆に開放度の低い国ほど貿易額は小さくなると考えられるためである. この考えにもとづけば，自由貿易の下では開放度が最大になり，逆に閉鎖経済の下では開放度が最小になる. しかし，Fujii (2019) は自由貿易の状態にあるはずの日本国内の都道府県間の貿易に注目しても，都道府県間で貿易・GDP 比率が大きく異なることを明らかにしている. これは貿易・GDP 比率の高さが必ずしも高い開放度を意味しないことを示唆している. さらに，Fujii (2019) は，貿易・GDP 比率の変動が貿易ではなく GDP の変動に大きく依存していることも確認している. この結果は，貿易・GDP 比率の大小が貿易ではなく GDP の影響を受けることを意味している. このため，貿易・GDP 比率を各国の開放度と解釈するのは問題があると判断し，本書の分析ではコントロール変数には含めないことにした.

- 投資比率

　そもそも自国企業の投資が活発でなければ，外国の投資も活発にならないかもしれない. この国内の投資をの活発さを測る指標として，投資・GDP 比率があり，これまでにも様々な研究で用いられてきた. しかし，通常，国レベルの投資の統計は一国全体の投資をとらえており，そこには外国企業による投資，すなわち対内直接投資も含まれること

---

[46] 貿易・GDP 比率を用いた研究については，Fujii (2019) を参照して欲しい.

になる．筆者が知る限り，外国企業の投資と自国企業の投資を区別した各国・各年のデータは存在せず，自国企業の投資のみを把握することが困難であることから，本書では投資比率の利用を見送った．

- 経済政策の不確実性

経済政策の不確実性も投資の重要な要因となっている可能性がある．例えば，Canh et al. (2020) は 21 か国のデータを利用して経済政策の不確実性が対内直接投資に統計的に有意な負の影響を及ぼすことを明らかにしている．経済政策の不確実性のデータは Economic Policy Uncertainty が整備・公表しているが，2022 年 9 月現在，ここで整備されているデータは 27 か国であり，そのうち OECD 加盟国は 19 か国にとどまっている．このため，この変数を利用するとサンプルサイズが著しく小さくなることから，本書では，この変数もコントロール変数に含めることができなかった．

3.2　ベイズモデル平均化法

3.2.1　ベイズの定理

本書では、グラビティモデルの変数を選択する上で、ベイズモデル平均化法を利用する．ベイズモデル平均化法を利用する利点は，変数選択の不確実性を考慮し，より客観的な形で変数の選択が可能になることにある．二国間直接投資のパターンを説明する上でベイズモデル平均化法を利用した研究例としては，Blonigen and Piger (2014) がある．しかし，第 1 章でも触れたように，彼らの分析は世界全体のいわば平均的な直接投資のパターンを説明しようとするものであり，対日直接投資に注目したものではない．本書では，対日直接投資のパターンを明らかにするためにベイズモデル平均化法を活用する．ベイズ分

析（Bayesian analysis）になじみのない方のために，本節はまず，ベイ
ズの定理を紹介し，次節でベイズモデル平均化法を解説する．

　ベイズ分析の基本的な考え方を理解するため，まず，事前分布（prior
distribution）を考える[47]．事前分布とは，新たにデータを入手する前の
情報しか反映していないパラメータ（parameter）の確率分布を意味し
ており，パラメータとは母集団（population）の性質を決める変数を意
味している．大雑把に言えば，事前分布は（勘や経験といった）主観的
情報や古いデータにもとづく情報を反映したパラメータの分布である．

　次に，新たに入手したデータがもたらす情報を反映した分布を考え
る．この分布は新たなデータが入手された後の分布であり，事後分布
（posterior distribution）と呼ばれる．事後分布は事前分布の情報を新た
なデータで補正することで求められる．すなわち，

$$事後分布 = 補正項 \times 事前分布 \tag{3.7}$$

という関係が成り立つ．そして補正項は

$$補正項 = \frac{真の値の候補が正しい時にデータが実現する確率}{事前分布で見て平均的にデータが実現する確率} \tag{3.8}$$

という形をしている[48]．この補正項について簡単に説明しよう．

　補正項の分子は，ある真の値の候補が仮に正しいとしたとき，観測さ
れたデータが実現する確率であり，尤度（likelihood）と呼ばれる．一
方，補正項の分母は事前分布で評価したデータの実現確率（尤度）の
期待値であり，周辺尤度（marginal likelihood）と呼ばれる．真の値の
候補に対する尤度を周辺尤度で割っている理由は，尤度を基準化する
ことで，補正された事前分布，すなわち事後分布もまた確率分布であ
ることが保証されるためである．

---

[47] 以下の本節の説明は中妻 (2007) を元にしている．

[48] 厳密には，データが連続的な確率分布に従うとき，確率ではなく，確率密度と表現さ
れる．

　この関係を理解するため，すでに起こっている事象 A とまだ起き
ていない事象 B の 2 つの事象を考える．事象 A と B が起こる確率を
それぞれ $p(A)$，$p(B)$ で表す．また，A と B が起きない確率をそれぞ
れ $p(A^c)$，$p(B^c)$ で表す．さらに，B が起きた時に A が起こる確率を
$p(A|B)$，A が起きた時に B が起こる確率を $p(B|A)$ と表す．ベイズの
定理はこれらの関係が次式で表されることを意味している．

$$p(B|A) = \frac{p(A|B)p(B)}{p(A|B)p(B) + p(A|B^c)p(B^c)} \qquad (3.9)$$

　先に述べたように，(3.9) 式の左辺は A が起きた時に B が起こる確
率である．一方，右辺の分子の $p(B)$ は B が起こった確率であり，事
前分布に対応する．また，右辺分子の $p(A|B)$ は B が起こった時に A
が起こる確率を表しており，これが先の尤度に対応することになる．

　右辺の分母は B が起きた時に A が起こる確率と B が起こらない時
に A が起きる確率の和であり，周辺尤度に対応している．B が起きた
時の確率 $p(B)$ が大きくなれば第一項の重みが増し，逆に B が起こら
ない時の確率 $p(B^c)$ が大きくなれば第二項の重みが増す．すなわち，
周辺尤度は，事前情報で真の値の可能性が高いパラメータの値に対応
する尤度には高い確率を重みとして与え，逆に真の可能性が低いパラ
メータの値に対する尤度には低い確率を重みとして与えるという加重
平均として解釈できる．

　確率の乗法定理と加法定理から，(3.9) 式は次のように書き直すこと
ができる[49]．

$$p(B|A) = \frac{p(A|B)p(B)}{p(A)} \qquad (3.10)$$

---

[49] 乗法定理と加法定理から，$p(A|B)p(B) + p(A|B^c)p(B^c) = p(A \cap B) + p(A \cap B^c) = p(A)$
が成り立つ．(3.9) 式の分母が「B が起きた時に A が起こる確率と B が起こらない
時に A が起きる確率の和」ということは，「B の事象が起こるかどうかにかかわらず
A が起きる確率」を意味しているため，直感的にも理解しやすいだろう．

(3.7) 式に戻って考えると，$p(B|A)$ は事後分布，$p(B)$ は事前分布に対応し，$p(A|B)/p(A)$ が補正項に対応することになる．

上述のベイズの定理は 2 つの事象に関する例だが，事象を連続的な確率変数としてより一般的な形で表現することもできる．いま，連続的な確率変数を X，未知のパラメータを θ で表すと，ベイズの定理は次のように書くことができる．

$$p(\theta|Y) = \frac{p(Y|\theta)\,p(\theta)}{p(Y)} \tag{3.11}$$

ここで，$p(Y|\theta)$ は尤度，$p(\theta)$ はパラメータの事前分布，$p(Y)$ は周辺尤度であり，

$$p(Y) = \int p(Y|\theta)\,p(\theta)d\theta \tag{3.12}$$

と表される．ここで，$\int = \int_{-\infty}^{\infty}$ である．この式は (3.9) 式の分母に対応するものであり，(3.11) 式はベイズ分析の基礎となる式である．

3.2.2　ベイズモデル平均化法

次のような線形の回帰式を考える．

$$Y = \alpha_\gamma + X_\gamma \beta_\gamma + \varepsilon \tag{3.13}$$

ここで，Y は (3.6) 式の $\tilde{F}_{ijt}$ のベクトルである．α は定数項のパラメーターのベクトルであり，ε は平均ゼロ，分散 σ^2 の正規分布に従う誤差項である．また，添え字の γ は γ 番目のモデルを表すインデックスである．サンプルサイズを N，独立変数の数を K で表すとする．

いま，X を（対数線形変換後の）(3.6) 式の独立変数の行列とし，その中の一部（あるいは全部）の変数を用いたモデルを考える．例えば，モデル 1（M_1）は独立変数を全く含まないモデル，モデル 2（M_2）は一つ目の独立変数を含むモデル，といった具合に，それぞれの独立変数

を含むかどうかでそれぞれのモデルが記述されることになる. γ 番目のモデルを M_γ と表示し, M_γ の独立変数の数を $k_\gamma (\leq K)$ と表す. また, M_γ の独立変数の行列を X_γ で表す. 全ての独立変数についてこの組み合わせを考える場合, モデルの総数は 2^K となる ($\gamma = 1, ..., 2^K$).

　ベイズ理論（Bayesian approach）によるモデルの比較は, 前節で紹介したベイズの定理より,「M_γ がデータを発生させる真のモデル」とした次のような事後モデル確率（posterior model probabilities）にもとづいて行われる.

$$p(M_\gamma | Y, X) = \frac{p(Y|M_\gamma, X)p(M_\gamma)}{p(Y|X)} \tag{3.14}$$

ここで, $p(Y|M_\gamma, X)$ は次のような尤度である.

$$p(Y|M_\gamma, X) = \int p(Y|\alpha_\gamma, \beta_\gamma, \sigma, M_\gamma)p(\alpha_\gamma, \beta_\gamma, \sigma|M_\gamma)d\alpha_\gamma d\beta_\gamma d\sigma \tag{3.15}$$

また, $p(M_\gamma)$ は事前分布である. $p(Y|X)$ は周辺尤度であり, 次のように書くこともできる.

$$p(Y|X) = \sum_{s=1}^{2^K} p(Y|M_s, X)p(M_s) \tag{3.16}$$

　この周辺尤度 $p(Y|X)$ は全てのモデルにおいて同じ値を取ることに注意すると, 事後モデル確率（posterior model probability）は尤度 $p(Y|M_\gamma, X)$ と事前分布 $p(M_\gamma)$ に比例することがわかる.

　ここまではあるモデル γ についての事後モデル確率を見てきた. (3.14) 式を推定する考え方の一つは, 事後モデル確率を最大にするようなモデルを選択するというものだろう. しかし, この場合, 選択されたモデル以外のモデルを考慮しないため, モデルの定式化という意味での不確実性, すなわち独立変数の選択に誤りがあるという可能性を無視

してしまうことになる．ベイズモデル平均化法はモデルの定式化とい
う意味での不確実性を考慮するものである．

いま，ある統計量（例えば回帰式 β_γ の推定値）を Δ で表すとし，そ
の事後分布 $p(\Delta|Y, X)$ を考えると，その分布は (3.14) 式より次のよう
に表すことができる．

$$p(\Delta|Y, X) = \sum_{\gamma=1}^{2^K} p(\Delta|M_\gamma, Y, X)\, p(M_\gamma|Y, X) \tag{3.17}$$

この式は推定されたパラメータの分布 $p(\Delta|M_\gamma, Y, X)$ を事後モデル確
率 $p(M_\gamma|Y, X)$ で加重平均したものであり，この式がベイズモデル平均
化を意味している．言い換えれば，ベイズモデル平均化とは，ベイズ
の定理にもとづき，モデルから得られるパラメータを加重平均して得
ようする手法である．

このベイズモデル平均化の手法は経済学の分野でも数多くの活用事
例がある．先にも述べたように，二国間直接投資については Eicher et al.
(2012) や Blonigen and Piger (2014) がある．Sala-i-Martin et al. (2004)
は経済成長の要因を特定する上で，ベイズモデル平均化の手法を利用
している．また，最近の例としては，各国の輸出パターンを説明しよ
うとした Benkovskis et al. (2020) や日米独の対外直接投資のパターン
に注目した Camarero et al. (2021b,a, 2022) がある．本書はこれらの研
究を踏まえつつ，対日直接投資の分析にこのベイズモデル平均化の手
法を利用していく．

3.2.3　推定

先にも述べたように，本書では次の 2 つの疑問に注目する．

1. 対日直接投資のパターンは他国と大きく異なるのか．
2. なぜ対日直接投資は低い水準にあるのか．

第一の疑問を明らかにするため，本書では機械学習の分析で用いられて
いる方法を踏襲する．すなわち，日本以外のへの直接投資（i.e., $j \neq$ JPN）
を標本内データ，日本への直接投資（i.e., $j =$ JPN）を標本外データと
し，まず標本内データを用いてグラビティモデルを推定する[50]．もし対
日直接投資のパターンが他国と大きく異なるのであれば，標本内デー
タをグラビティモデルでは標本外データのパターンをうまく予測でき
ないことになる．このため，機械学習の分析のように，対日直接投資
を標本外データとすることで，ベイズ平均化法にもとづくグラビティ
モデルが日本のデータを予測できるかを検証する．

　本書では，推定に R 言語のパッケージの一つである BMS を利用す
る．このパッケージは Zeugner and Feldkircher (2015) によって開発さ
れたものである．(3.14) 式を実際に推定するにあたっては，事前分布
の情報，すなわち (3.14) 式の事前分布 $p(M_\gamma)$，およびその周辺尤度の
事前分布 $p(\alpha_\gamma, \beta_\gamma, \sigma | M_\gamma)$ が必要になる．BMS は初期設定としてこれ
らの事前分布にランダムな事前分布（random prior probability）を設定
している[51]．また，β_γ については，BMS の初期設定に従い，ゼルナー
法を利用する．ゼルナー法では g と呼ばれる事前分布値を設定する必
要があるが，これも初期設定に従いサンプルサイズを利用した．これ
らの詳細については Zeugner and Feldkircher (2015) を参照して欲しい．
また，初期設定に対する分析結果の頑健性については，第 4 章で検討
する．

　なお，先にも述べたように，全ての独立変数についてこの組み合わ
せを考える場合，モデルの総数は 2^K となる．独立変数の数が大きくな

---

[50] ここで，対日直接投資を標本外データとする場合，標本内データには日本が含まれな
　　いことになり，国，あるいは国・年固定効果を含むモデルを推定すると，標本内デー
　　タから日本の固定効果が推定できなくなることに注意して欲しい．このような理由
　　から，本研究では，多角的効果をとらえる上で国，及び国・年固定効果ではなく，de
　　Sousa and Lochard (2011) の方法を採用している．
[51] 初期設定の詳細については R の BMS のマニュアルを参照して欲しい．

ると，全てのモデルを検討することはコンピューターの計算能力という点から難しい．例えば，独立変数が 50 個の場合，すなわち $K = 50$ の場合，モデルの総数は $2^{50} = 1, 125, 899, 906, 842, 620$ となる．1 年間が 3,153 万 6 千秒（$=60$ 秒 $\times$ 60 分 $\times$ 24 時間 $\times$ 356 日）となることを踏まえると，仮に 1 秒間に 10 万のモデルの検証ができたとしても，全てのモデルを計算するのに357年（$= 2^{50}/100,000/3, 153$ 万 6 千秒）以上の時間がかかってしまう．とても現実的ではないことがわかる．BMS はマルコフ連鎖モンテカルロ（Markov Chain Monte Carlo）の出生死滅サンプラー（birth-death sampler）と呼ばれるアルゴリズムを用いることで，計算の高速化を実現している．

3.3　記述統計

3.3.1　サンプルセレクション前のデータ

実際に分析の結果を説明する前に，主要国の対内直接投資の現状について確認しておこう．本書の分析は回帰分析に用いる全ての変数が利用できる国・年を対象としているが，ここではまずサンプルセレクション前のデータ，すなわち欠損値がある変数も含むデータで対内直接投資と GDP，1 人当たり GDP の推移を見てみる．

対内直接投資のデータが OECD 加盟国に限られることから，本節では主要 8 か国として日本と関係の深い Group 7（G7）の 7 か国，及び隣国である韓国に注目する．具体的にはカナダ（CAN），ドイツ（DEU），フランス（FRA），イギリス（GBR），イタリア（ITA），日本（JPN），アメリカ（USA）の 7 か国と韓国（KOR）である．なお，括弧内は国際標準化機構（International Organization for Standardization: ISO）により規格化された国コードを表す．

図 3.1 は 1996 年から 2019 年までの主要 8 か国の対内直接投資・GDP

図 3.1　主要国の対内直接投資・GDP 比率，1996 年–2019 年

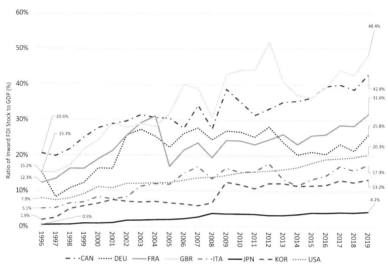

注：対内直接投資は残高（ストック）にもとづく．また，記号は国の ISO コードである．
出所：OECD (2021) OECD *International Direct Investment Statistics*，及び CEPII (2021) *Gravity Database.*

比率の推移を表したものである．図 1.2 では対日直接投資が拡大傾向にあることを確認したが，この図を見ると，他の 7 か国と比べて，日本の対内直接投資・GDP 比率は 1990 年代半ばからずっと低水準にとどまっていることがわかる．ただし，これは主要 8 か国に注目していることが理由かもしれない．OECD の全加盟国を対象とした場合も同様の傾向が見られるのだろうか．

　表 3.3 は 1996 年から 2019 年までの主要 8 か国の対内直接投資・GDP 比率の順位の推移を表したものだが，表 3.3 の右端の列にデータの利用可能な国の数を総数という形で示している．この表より，OECD 加盟国の中で，日本（JPN）の対内直接投資・GDP 比率は分析期間を通じてほぼ最下位であり，特に 2001 年以降これまでの間ずっと最下位から脱していないことが確認できる．イタリア（ITA）や韓国（KOR）

表 3.3　主要国の対内直接投資・GDP 比率の順位，1996 年–2019 年

	総数	JPN	CAN	DEU	FRA	GBR	ITA	KOR	USA
1996	34	33	11	15	19	13	29	31	25
1997	34	34	12	28	21	19	31	33	29
1998	32	32	15	26	19	18	29	31	27
1999	32	32	14	24	20	17	29	30	28
2000	30	30	13	20	19	14	27	28	24
2001	29	29	12	21	16	11	25	26	24
2002	28	28	13	16	17	14	25	26	24
2003	28	28	13	18	15	16	24	26	23
2004	27	27	15	19	14	17	23	26	22
2005	24	24	10	18	20	9	22	23	21
2006	22	22	15	16	18	9	19	21	20
2007	22	22	13	16	18	11	19	21	20
2008	20	20	12	13	16	8	18	19	17
2009	18	18	8	13	14	5	15	17	16
2010	34	34	20	25	26	13	30	33	31
2011	34	34	22	25	26	12	29	32	30
2012	34	34	23	25	27	12	29	32	31
2013	34	34	20	27	25	15	31	33	29
2014	34	34	19	27	26	15	32	33	30
2015	34	34	20	27	26	19	32	33	29
2016	34	34	17	27	26	18	31	33	28
2017	34	34	18	27	26	14	31	32	29
2018	34	34	17	27	25	14	32	33	28
2019	33	33	16	26	23	14	31	32	29

注：記号は国の ISO コードである．また，総数は順位の利用可能な国の総数を意味している．

出所：OECD (2021) OECD *International Direct Investment Statistics*，及び CEPII (2021) *Gravity Database*

も 30 番以下と順位は低いものの，それぞれの対内直接投資・GDP 比率は 2019 年時点で 17.3％と 13.3％であり，4.2％の日本は大きく水をあけられていることもわかる．なお，順位の上位国にはアイルランド（IRL）やスイス（CHE），オランダ（NLD），ベルギー（BEL）といったいわゆる低税率国と知られる国が並んでいる．

　図 3.2 と図 3.3 はそれぞれ主要国の GDP と 1 人当たり GDP を示したものである．これらの図より，日本の GDP，1 人当たり GDP ともに過去 20 年以上大きく変化していないことがわかる．特に日本の 1 人当

図 3.2　主要国の GDP，1996 年–2019 年

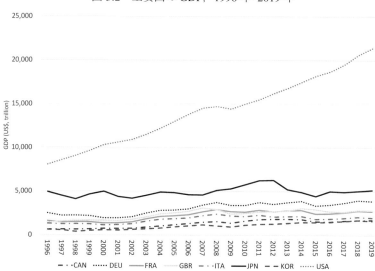

注：記号は国の ISO コードである．
出所：CEPII (2021) *Gravity Database*.

たり GDP は 1996 年時点でこれら 8 か国の中で最も高い水準だったが，2019 年には 8 か国中 6 番目となっており，日本の所得水準の伸びが他国と比べて著しく低いこともわかる．この結果は第 1 章補論 1.C の労働生産性の低さとも整合的であり，日本経済の低迷ぶりを確認するものと言える．

図 3.3　主要国の 1 人当たり GDP，1996 年–2019 年

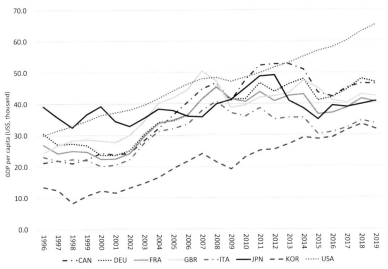

注：記号は国の ISO コードである．
出所：CEPII (2021) *Gravity Database*.

3.3.2　サンプルセレクション後のデータ

　本書の分析は回帰分析に用いる全ての変数が利用できる国・年を対象としており，これによりサンプルから外れる国もある．このサンプルセレクションの影響を確認するため，まず，直接投資・GDP 比率の分布がどのように異なるかを確認しておこう．

　表 3.4 は直接投資・GDP 比率の分布をサンプルセレクション前後で比較したものである．この表より，サンプルサイズが 99,824 から 61,068 へと減少していることがわかる．また，それに伴い，標準偏差も低下している．しかし，平均や四分位等の値を見るとそれほど大きな変化を見せていないことがわかる．このため，サンプルは概ね元の情報を反映していると考えられる．

　表 3.5–表 3.7 は，このサンプルセレクション後のデータをもとに，分析で利用する変数の平均値を日本と日本以外の国々で比較したもので

表 3.4　対内直接投資・GDP 比率の分布：サンプルセレクション前後の比較

	前	後
N	99,824	61,068
平均	0.004	0.004
標準偏差	0.052	0.021
1%	0	0
5%	0	0
25%	0	0
50%	0	0
75%	0.000	0.000
95%	0.014	0.017
99%	0.077	0.080

注：前と後はそれぞれサンプルセレクションの前と後を意味している.
出所：データの出所については第 3 章を参照.

ある．表の「差」は日本と日本以外の OECD 加盟国の平均値の差である．ただし，変数の単位が異なる場合，その差の大小関係を直接比較することはできない．このため，平均の差が統計的に有意かどうかを検定した．表の***，**，*はそれぞれ 1％，5％，10％水準で平均の差が統計的に有意に異なることを意味しており，*が多いほど（統計的に）強い差が生じていることになる．

　表 3.5 はグラビティモデルに用いられる基本的な変数であり，表 3.6 と表 3.7 はコントロール変数である．表を見やすくするため，対内直接投資は水準ではなく，GDP 比率を示している．表 3.5 より，日本は対内直接投資比率（FDI_{jt}/GDP_{jt}）が他国と比べて低く，さらに投資国との物理的・言語的距離（$\ln D_{ij}$，$\mathrm{LingDist}_{ij}$）が，他の OECD 加盟国と比べて，遠い傾向にある．さらに，言語（$\mathrm{Language}_{ij}$）や法制度（$\mathrm{LegalOrigin}_{ij}$）は日本と他の OECD 加盟国との差が統計的に有意である．この結果は，投資国との言語や法制度が，他の OECD 加盟国と比べて異なる傾向にあることを意味している．

表 3.5　回帰分析に用いる変数の平均値：基本的な変数

	日本	日本以外の国	差
N	660	60,408	
FDI/GDP	0.001	0.004	-0.003***
	(0.002)	(0.021)	
$\ln \text{GDP}_{it}$	20.309	17.528	2.781***
	(1.281)	(2.414)	
$\ln \text{GDP}_{jt}$	22.321	19.954	2.367***
	(0.105)	(1.480)	
$\ln D_{ij}$	8.849	8.480	0.369***
	(0.588)	(0.911)	
Contiguity$_{ij}$	0.000	0.029	-0.029***
	(0.000)	(0.167)	
Language$_{ij}$	0.000	0.108	-0.108***
	(0.000)	(0.311)	
LingDist$_{ij}$	0.451	0.884	-0.434***
	(0.194)	(0.939)	
Colony$_{ij}$	0.036	0.033	0.004
	(0.187)	(0.178)	
LegalOrigin$_{ij}$	0.145	0.263	-0.118***
	(0.353)	(0.440)	
Religion$_{ij}$	0.003	0.186	-0.183***
	(0.003)	(0.243)	
$\ln \Pi_{it}$	-0.023	0.005	-0.028***
	(0.109)	(0.164)	
$\ln \Phi_{jt}$	0.081	0.047	0.035***
	(0.051)	(0.103)	

注：括弧内は標準偏差である．差は日本と日本以外の OECD 加盟国の平均値の差である．***, **, *はそれぞれ統計的有意水準 1％，5％，10％であり，差に関する *t*−検定の結果である．

出所：データの出所については第 3 章を参照．

表 3.6 回帰分析に用いる変数の平均値：コントロール変数

	日本	日本以外の国	差
$\ln \mathrm{PGDP}_{it}$	2.744	1.703	1.041***
	(1.301)	(1.583)	
$\ln \mathrm{PGDP}_{jt}$	3.659	3.338	0.321***
	(0.104)	(0.627)	
$\mathrm{Similarity}_{ijt}$	2.496	5.546	-3.050***
	(4.093)	(6.413)	
$\Delta \ln \mathrm{GDP}_{it}$	5.219	5.975	-0.756
	(10.368)	(12.052)	
$\Delta \ln \mathrm{GDP}_{jt}$	0.262	3.535	-3.273***
	(8.332)	(9.494)	
$\Delta \ln \mathrm{PGDP}_{it}$	4.023	4.512	-0.490
	(10.367)	(12.168)	
$\Delta \ln \mathrm{PGDP}_{jt}$	0.253	3.049	-2.796***
	(8.340)	(9.495)	
WTO_{ijt}	0.871	0.704	0.168***
	(0.335)	(0.457)	
RTA_{ijt}	0.200	0.371	-0.171***
	(0.400)	(0.483)	
CU_{ijt}	0.000	0.011	-0.011***
	(0.000)	(0.104)	
ExRate_{ijt}	1.004	1.000	0.004
	(0.324)	(0.388)	
ExVol_{ijt}	0.044	0.038	0.006**
	(0.045)	(0.069)	

表と注は 3.5 と同じ.

表 3.7　回帰分析に用いる変数の平均値：コントロール変数（続き）

	日本	日本以外の国	差
Deflation$_{jt}$	0.502	0.079	0.423***
	(0.500)	(0.270)	
Tax$_{jt}$	0.380	0.264	0.116***
	(0.052)	(0.072)	
EmploymentProtect$_{jt}$	1.505	2.236	-0.731***
	(0.164)	(0.848)	
Flexibility$_{jt}$	0.042	0.082	-0.041***
	(0.019)	(0.057)	
HumanCapital$_{jt}$	3.462	3.270	0.192***
	(0.091)	(0.376)	
English$_j$	0.119	0.561	-0.442***
	(0.000)	(0.285)	
MarketPotential$_{jt}$	14.667	12.025	2.642***
	(1.338)	(2.852)	
FID$_{jt}$	0.702	0.578	0.124***
	(0.085)	(0.259)	
FIA$_{jt}$	0.883	0.634	0.250***
	(0.012)	(0.208)	
FIE$_{jt}$	0.745	0.626	0.119***
	(0.034)	(0.089)	
FMD$_{jt}$	0.672	0.558	0.114***
	(0.176)	(0.302)	
FMA$_{jt}$	0.479	0.478	0.001
	(0.080)	(0.252)	
FME$_{jt}$	0.938	0.652	0.285***
	(0.151)	(0.349)	
LifeExpectancy$_{jt}$	82.552	79.183	3.368***
	(1.198)	(2.658)	
OldPopulation$_{jt}$	1.609	0.976	0.633***
	(0.378)	(0.326)	
DebtGDP$_{jt}$	1.890	0.760	1.130***
	(0.409)	(0.352)	

表と注は 3.5 と同じ.

　また表 3.6 と表 3.7 より，さらに，他の OECD 加盟国よりもデフレ傾向（Deflation$_{jt}$）にあり，労働市場が硬直的（Flexibility$_{jt}$）で，税負担（Tax$_{jt}$）が重く，少子高齢化（OldPopulation$_{jt}$）が進んでおり，政府債務（DebtGDP$_{jt}$）が大きい．このような日本特有の傾向は既に様々なところで論じられてきたが，統計的に見て他国と大きく異なるという点で，日本の特異性を確認するものと言える．その一方，日本の雇用保護規制（EmploymentProtect$_{jt}$）は他の OECD 加盟国ほどは高くなく，また人的資本（HumanCapital$_{jt}$）も豊富であり，これらの側面では日本は他国と比して必ずしも悪い環境とは言えない．次章では，このデータを用いた分析結果を紹介する．

第4章　対日直接投資のパターンは他国と大きく異なるのか

4.1　予備的な分析結果

　本章では，予備的な分析として，まず標準的な変数のみを用いた（ベイズモデル平均化を用いない）通常の回帰分析を行う．第3章でも述べたように，非線形回帰の推定にベイズモデル平均化法を用いると，計算量が膨大になり，計算に多大な時間を要することになる．その一方，通常の対数線形では，直接投資がゼロのケースを考慮できなくなるという問題が生じる．これらの問題を避けるため，ベイズモデル平均化法にもとづく分析では (3.6) 式の従属変数にハイパボリックサイン変換を行った対数線形回帰式を用いる．分析は次のステップで行う．

1. 日本を除く国のデータを標本内データとしてグラビティモデルの変数の選択とパラメータの推定を行う．

2. 選択された変数と推定されたパラメータをもとに，対日直接投資のデータを標本外データとして利用し，対日直接投資を予測する．

3. 最後に，グラビティモデルから予測された対日直接投資額（予測値）と実際の対日直接投資額（実績値）を比較する．

　表 4.1 は，第一ステップとして標本内データを用いた（ベイズモデル平均化を用いない）グラビティモデルの推定結果をまとめたものである．従属変数は対内直接投資額であり，PPML は PPML の推定結果，

84

対数線形はハイパボリックサイン変換を行った上での対数線形回帰の結果である．表より，GDP（$\ln\mathrm{GDP}_{it}$ と $\ln\mathrm{GDP}_{ht}$）の係数はプラスで統計的に有意，距離（$\ln D_{ij}$）の係数はマイナスで有意となっていることがわかる．この結果は，投資国と投資受け入れ国の経済規模がともに大きいほど直接投資が活発になり，逆に両国の物理的な距離が遠くなるほど直接投資が縮小することを意味している．

表4.1　グラビティモデル：標準的な変数のみを利用した推定結果

	PPML	対数線形
$\ln\mathrm{GDP}_{it}$	0.849***	1.593***
	[0.046]	[0.024]
$\ln\mathrm{GDP}_{jt}$	0.880***	0.923***
	[0.060]	[0.041]
$\ln D_{ij}$	-0.718***	-1.648***
	[0.061]	[0.076]
Contiguity$_{ij}$	-0.477**	0.016
	[0.224]	[0.297]
Language$_{ij}$	0.736***	2.123***
	[0.200]	[0.218]
LingDist$_{ij}$	0.250***	0.458***
	[0.069]	[0.063]
Colony$_{ij}$	0.149	2.448***
	[0.264]	[0.350]
LegalOrigin$_{ij}$	0.340**	0.099
	[0.148]	[0.132]
Religion$_{ij}$	0.926***	2.505***
	[0.243]	[0.248]
$\ln \Pi_{it}$	-1.773***	-4.460***
	[0.107]	[0.374]
$\ln \Phi_{jt}$	-1.466***	-1.565***
	[0.263]	[0.267]
N	60,408	60,408

注：標本内データをもとに標準的な変数のみを利用した推定結果．***，**はそれぞれ統計的有意水準1%，5%を表す．また括弧内は2二国間のペアでクラスタ化された標準誤差である．

出所：データの出所については第3章を参照．

　また，共通言語ダミー（Language$_{ij}$），二国間の言語の距離（Ling Dist$_{ij}$），宗教的類似性（Religion$_{ij}$）は PPML，対数線形回帰のいずれにおいてもプラスで有意である．言語の距離と宗教的類似性はそれぞれ値が大きくなるほど近接性が高まることに注意すると，言語や宗教的関係の近さが直接投資の拡大に寄与していることがわかる．また，多角的効果（$\ln \Pi_{it}$ と $\ln \Phi_{jt}$）の係数はともにマイナスで有意である．i 国と j 国以外の第三国の投資先としての魅力，及び投資国としての意欲が高まれば，相対的に i 国と j 国の投資が縮小するというのは妥当な結果と考えられる．このため，標準的な変数を用いた結果は概ね期待通りの結果と言える．

　この表 4.1 の係数と標本外データ，すなわち対日直接投資のデータを用いて予測値を計算し，その結果を年ごとにまとめたのが図 4.1 である．またこの図には実績値もまとめている．結果をわかりやすくするため，日本の GDP 比で示した．

　この図より，グラビティモデルの予測値と実績値の間に大きな乖離があり，また年を追って拡大していることがわかる．PPML の場合，予測値は実績値より大きく，2019 年は 3.7％の実績値に対し，予測値は 14.4％となっていることがわかる．一方，対数線形回帰の場合，実績値は予測値より大きく，2019 年の予測値は 0.8％となっている．

　これらの結果は，標準的な変数を用いたグラビティでモデルにもとづくと，対日直接投資のパターンは他国と大きく異なっているということになる．しかし，標準的な変数は現実を極度に抽象化した経済モデルから導出されるものであり，実際にはこの他の様々な要因を考慮する必要がある．そこで次に，コントロール変数を含めた結果を紹介する．

図4.1　実績値と予測値：標準的な変数のみを利用した推定結果

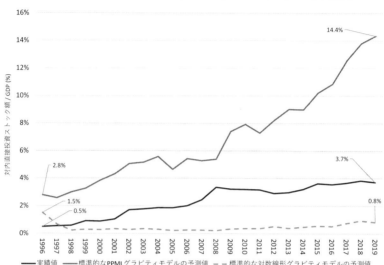

注：標準的な PPML グラビティモデルの予測値と標準的な対数線形グラビティモデルの
　　予測値は基本変数のみを用いたグラビティモデルの予測値である.
出所：筆者による推定結果.

4.2　主な結果

　ベイズモデル平均化法にもとづく分析では (3.6) 式の従属変数にハ
イパボリックサイン変換を行った対数線形回帰式を用いる. 第 3 章で
述べたように, 推定に R 言語のパッケージの一つである BMS を利用
する. ベイズモデル平均化法の推定にあたっては, 事前分布の情報,
すなわち (3.14) 式の事前分布 $p(M_\gamma)$, およびその周辺尤度の事前分布
$p(\alpha_\gamma, \beta_\gamma, \sigma | M_\gamma)$ が必要になる. BMS は初期設定として事前分布にラン
ダムな分布を設定している. また, β_γ については, BMS の初期設定に
従い, ゼルナー法によって設定する. 推定には標本内データ, すなわ

図 4.2　モデルサイズの分布

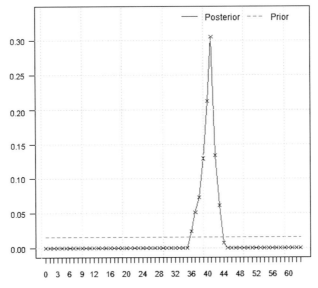

注：ベイズモデル平均化（BMA）グラビティモデルにもとづく結果である.
出所：データの出所については第 3 章を参照.

ち日本以外のへの直接投資（i.e., $j \neq$ JPN）を利用する.

　図 4.2 はモデルサイズの分布を示したものであり，モデルサイズの分布の平均は 40 となっている．これは，ベイズモデル平均化法によって選択される変数は（年ダミー等を含めて）平均的に 40.259，すなわちおおよそ 40 であることを意味している．言い換えれば，ベイズモデル平均化法によれば，全ての変数が選択されるわけではなく，不要とされる変数があることがわかる．それでは，ベイズモデル平均化法によりどの変数が選ばれ，どの変数が分析から落とされているのだろうか.

　表 4.2 と表 4.3 は，基礎的グラビティ変数とコントロール変数について，ベイズモデル平均化法の推定結果をまとめたものである．紙幅を

節約するため，年固定効果と統計制度変更ダミーは省略している．表
の PIP は事後含有確率（posterior inclusion probabilities）であり，(3.17)
式の $p(\Delta|Y, X)$ に対応するものである．全てのモデルについての事後
モデル確率の加重平均であり，日本以外への対内直接投資を説明する
上での各変数の重要度を表すものと解釈できる．また，Post Mean と
Post SD はそれぞれ係数と標準誤差の平均値を表している．係数がゼ
ロとなる場合（すなわち，変数が含まれない場合）も含めて平均値が
計算されるため，事後含有確率が小さい変数の係数は小さくなる傾向
にある．

表4.2 ベイズモデル平均化グラビティモデル：基礎的グラビティ変数

	PIP	Post Mean	Post SD
$\ln \text{GDP}_{it}$	1.000	-1.186	0.061
$\ln \text{GDP}_{jt}$	1.000	1.042	0.023
$\ln D_{ij}$	1.000	1.245	0.064
Contiguity$_{ij}$	0.972	0.419	0.124
Language$_{ij}$	1.000	1.581	0.059
LingDist$_{ij}$	0.000	0.000	0.000
Colony$_{ij}$	1.000	2.317	0.091
LegalOrigin$_{ij}$	1.000	0.692	0.040
Religion$_{ij}$	1.000	1.503	0.067
$\ln \Pi_{it}$	1.000	-2.370	0.094
$\ln \Phi_{jt}$	1.000	-1.975	0.172

注：PIP は事後含有確率（posterior inclusion probabilities）である．また，Post Mean と
　　Post SD はそれぞれ係数と標準誤差の平均値を表している．基礎的グラビティ変数
　　については第 3 章を参照．
出所：データの出所については第 3 章を参照．

　表4.2 と表4.3 より，PIP が 1 とならない変数が複数あり，そのうち
のいくつかは 0.5 未満の非常に小さい値を取っていることがわかる．こ
の結果は，基礎的グラビティ変数とコントロール変数の中には必ずし
も重要な要因とはなっていない変数があることを意味している．例え
ば為替レート（ExRate$_{ijt}$）や労働市場の柔軟性（Flexibility$_{jt}$）の PIP
は 0 であり，他の様々な要因を考慮すると，これらの変数は対内直接

表4.3　ベイズモデル平均化グラビティモデル：コントロール変数

	PIP	Post Mean	Post SD
$\ln \mathrm{PGDP}_{it}$	1.000	2.237	0.022
$\ln \mathrm{PGDP}_{jt}$	0.023	-0.000	0.011
$\mathrm{Similarity}_{ijt}$	1.000	0.232	0.005
$\Delta \ln \mathrm{GDP}_{it}$	1.000	-0.068	0.007
$\Delta \ln \mathrm{GDP}_{jt}$	1.000	-0.404	0.039
$\Delta \ln \mathrm{PGDP}_{it}$	1.000	0.059	0.007
$\Delta \ln \mathrm{PGDP}_{jt}$	1.000	0.391	0.039
WTO_{ijt}	0.032	0.002	0.014
RTA_{ijt}	1.000	0.282	0.041
CU_{ijt}	1.000	0.808	0.149
ExRate_{ijt}	0.000	0.000	0.000
ExVol_{ijt}	1.000	-1.556	0.228
$\mathrm{Deflation}_{jt}$	1.000	-0.320	0.062
Tax_{jt}	0.985	1.533	0.404
$\mathrm{EmploymentProtect}_{jt}$	1.000	-0.270	0.029
$\mathrm{Flexibility}_{jt}$	0.000	0.000	0.000
$\mathrm{HumanCapital}_{jt}$	0.027	-0.003	0.019
$\mathrm{English}_{j}$	1.000	-2.152	0.096
$\mathrm{MarketPotential}_{jt}$	1.000	2.290	0.060
FID_{jt}	0.055	0.005	0.039
FIA_{jt}	0.005	0.001	0.013
FIE_{jt}	0.777	0.561	0.352
FMD_{jt}	1.000	1.415	0.154
FMA_{jt}	1.000	-1.406	0.086
FME_{jt}	1.000	-1.496	0.083
$\mathrm{LifeExpectancy}_{jt}$	1.000	-0.082	0.013
$\mathrm{OldPopulation}_{jt}$	1.000	0.639	0.081
$\mathrm{DebtGDP}_{jt}$	1.000	-0.814	0.071

注：PIP は事後含有確率（posterior inclusion probabilities）である．また，Post Mean と
　　Post SD はそれぞれ係数と標準誤差の平均値を表している．コントロール変数につ
　　いては第3章を参照．
出所：データの出所については第3章を参照．

投資の要因とは考えにくいことを示唆している．

　それではこのベイズモデル平均化法にもとづくグラビティモデルに
より，対日直接投資のパターンを説明できるのだろうか．この疑問に
答えるため，図4.1と同様に，ベイズモデル平均化法の推定結果と標本

図 4.3　実績値と予測値：ベイズモデル平均化法を利用した推定結果

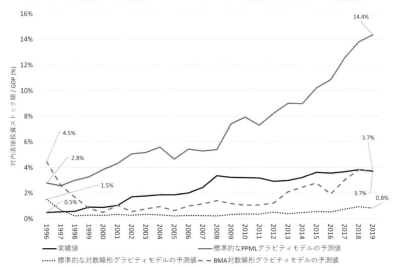

注：標準的な PPML グラビティモデルの予測値と標準的な対数線形グラビティモデルの
　　予測値は基本変数のみを用いたグラビティモデルの予測値である．一方，BMA 対
　　数線形グラビティモデルの予測値は BMA モデルが選択したコントロール変数を用
　　いた対数線形グラビティモデルの推定結果である．
出所：データの出所については第 3 章を参照．

　外データ，すなわち対日直接投資のデータから予測値を計算したのが
図 4.3 である．図 4.3 より，分析期間の最初の 2 年を除くと，標準的な
グラビティモデルの予測値よりも BMA（ベイズモデル平均化）グラビ
ティモデルの予測値の方が実績値に近いことがわかる．さらに，2018
年と 2019 年は予測値と実績値がほぼ一致していることも確認できる．
　実績値と予測値の差をより客観的に把握するため，対日直接投資・
GDP 比率の実績値と予測値について，二乗平均平方根誤差（Root Mean
Squared Error: RMSE）を計算した．具体的には，t 年の対日直接投資・
GDP 比率の実績値と予測値をそれぞれ Y_t, $\hat{Y}_t$ で表すとすると，RMSE

表 4.4　RMSE：標準モデルとベイズモデル平均化

グラビティモデル	コントロール変数	ハイパボリック サイン変換	RMSE
標準的な PPML	なし	なし	0.052
標準的な対数線形	なし	あり	0.022
BMA 対数線形	あり（選択）	あり	0.015

注：標準的な PPML グラビティモデルの予測値と標準的な対数線形グラビティモデルの
　　予測値は基本変数のみを用いたグラビティモデルの予測値である．一方，BMA 対
　　数線形グラビティモデルの予測値は BMA モデルが選択したコントロール変数を用
　　いた対数線形グラビティモデルの推定結果である．
出所：データの出所については第 3 章を参照．

は次のように計算されるものである．

$$RMSE = \sqrt{\frac{\sum (Y_t - \hat{Y}_t)^2}{24}} \tag{4.1}$$

なお，24 は分析期間（1996 年から 2019 年の 24 年間）である．この
RMSE が小さければ小さいほど実績値と予測値の差が小さく，予測精
度が高い結果であることを表している．

　表 4.4 はこの RMSE をまとめた結果である．この表より，BMA 対
数線形グラビティモデルの RMSE が，標準的な PPML グラビティモデ
ルや標準的な対数線形グラビティモデルの RMSE よりも小さいことが
確認できる．この結果からも，BMA 対数線形モデルの予測精度が高い
ことを確認できる．

　ここで，ベイズモデル平均化グラビティモデルが標本内データ，すな
わち対日直接投資を除いたデータで推定されている点に注意して欲し
い．この結果は，対日直接投資を除いたデータにもとづくグラビティ
モデルが対日直接投資をうまく説明できていることを示している．言
い換えれば，この結果は，ベイズモデル平均化法にもとづき選択され
た変数によって対日直接投資のパターンを説明できることを意味して
おり，対日直接投資のパターンは他国と大きく異なるものではないこ

とを示唆している．ただし，この結果は分析の設定を変えるだけで大きく変わってしまうかもしれない．そこで，次節では本節の結果の頑健性を分析する．

4.3　結果の頑健性

4.3.1　異なる事前分布を用いた結果

前節でも述べたように，ベイズモデル平均化法を元に (3.14) 式を実際に推定するにあたっては，事前分布の情報，すなわち (3.14) 式の事前分布 $p(M_\gamma)$，およびその周辺尤度の事前分布 $p(\alpha_\gamma, \beta_\gamma, \sigma | M_\gamma)$ が必要になる．前節の分析結果は，R 言語の BMS パッケージの初期設定にもとづくものだが，この結果は事前分布の設定によって変わってくるかもしれない．特に，BMS は初期設定として事前分布をランダムな事前分布と設定しているが，分析結果はこの事前分布の設定に大きく依存する可能性もある．そこで本節では異なる事前分布を仮定した場合に結果がどのように変わるのかを分析する．

ランダムな事前分布以外によく用いられている分布として二項分布と一様分布がある[52]．このため，以下ではこれらの分布に注目し，事前分布をランダム，二項分布，一様分布にした場合に各変数の PIP がどのように変わるかを分析する．もし事前分布によって各変数の PIP が大きく変わらなければ，本書の分析は異なる事前分布に対して頑健であると解釈できる．

図 4.4 と図 4.5 はそれぞれ基礎的グラビティ変数とコントロール変数について異なる事前分布を仮定した場合の PIP をまとめたものである．Random は事前分布がランダムな場合，Fixed は二項分布の場合，そし

---

[52] それぞれの詳細については Zeugner and Feldkircher (2015) の Appendix にわかりやすくまとめられている．

図 4.4　異なる事前分布の PIP：基礎的グラビティ変数

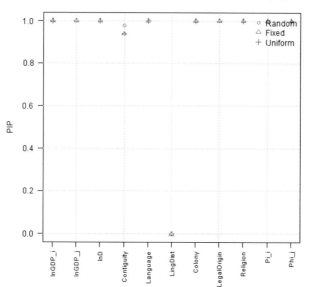

注：PIP は事後含有確率（posterior inclusion probabilities）である．基礎的グラビティ変
　　数については第 3 章を参照．
出所：筆者による推定結果．

て Uniform は一様分布の場合である．ほとんどすべての基礎的グラビ
ティ変数，コントロール変数について，事前分布を変えても PIP は大
きく変わらないことが確認できる．この結果は，本書の分析結果が異
なる事前分布を仮定しても大きく変わらないことを意味している．

4.3.2　異なるゼルナー法の事前分布値 g

　いまひとつの重要な設定はゼルナー法の事前分布値 g である．第 4.2
節では BMS の初期設定に従いこの g にサンプルサイズを利用している
が，この値によって分析結果が変わってくることも考えられる．そこ
で本節では，異なる事前分布値 g を仮定した場合に各変数の PIP がど
のように変わるかを考察する．もし異なる事前分布値 g によって各変

図 4.5　異なる事前分布の PIP：コントロール変数

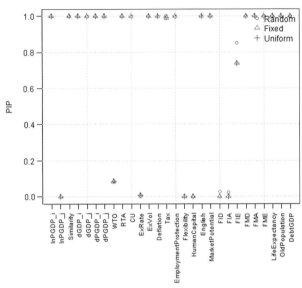

注：PIP は事後含有確率（posterior inclusion probabilities）である．コントロール変数に
　　ついては第 3 章を参照.
出所：筆者による推定結果.

数の PIP が大きく変わらなければ，本書の分析は異なる事前分布値に
対して頑健であると解釈できる．

　先行研究では事前分布値 g についてもいくつかの提案がなされてお
り，その一つがリスクインフレーション基準（risk inflation criterion）と
呼ばれるものである．サンプルサイズを N とするとき，初期設定では
$g = N$ とされているが，リスクインフレーション基準は $g = K^2$ とす
る．ここで，K は独立変数の数である．この他に，Hannan-Quinn 基準
（Hannan-Quinn criterion）に類似した $g = \log(N)^3$ という方法も提唱さ
れている．これらの詳細はやや技術的なため，ここでは立ち入らない．
興味のある方は BMS のマニュアルとその参考文献を参照して欲しい．
本書では結果のみ紹介する．

図 4.6　異なる事前分布値 *g* の PIP：基礎的グラビティ変数

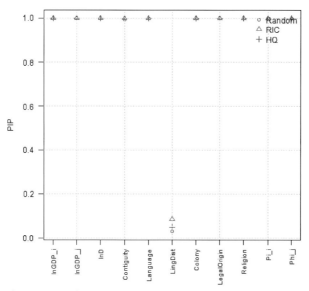

注：PIP は事後含有確率（posterior inclusion probabilities）である．基礎的グラビティ変
　　数については第 3 章を参照．
出所：筆者による推定結果．

　図 4.6 と図 4.7 は，図 4.4 と図 4.5 と同様に，それぞれ基礎的グラビ
ティ変数とコントロール変数について異なる事前分布値 *g* を仮定した
場合の PIP をまとめたものである．UIP は事前分布値がサンプルサイ
ズ（*g = N*）の場合，RIC はリスクインフレーション基準（*g = K²*）の
場合，HQ は Hannan-Quinn 基準（*g = log(N)³*）の場合である．まず，
基礎的グラビティ変数については，図 4.6 より，事前分布値 *g* を変え
ても大きく変わらないことがわかる．また，コントロール変数につい
ては，図 4.7 より，事前分布値 *g* を変えると異なる PIP を示す変数が
確認できるが，その変化はそれほど大きなものではなく，例えば0.5 以
下の PIP が 0.5 以上になったり，その逆になったりするようなことは
見られないことがわかる．このため，これらの結果より，異なる事前

図 4.7　異なる事前分布値 g の PIP：コントロール変数

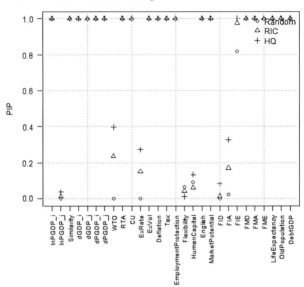

注：PIP は事後含有確率（posterior inclusion probabilities）である．コントロール変数に
　　ついては第 3 章を参照．
出所：筆者による推定結果．

分布値 g を仮定しても，第 4.2 節の主な分析結果が大きく変わらない
と言える．

第 5 章　なぜ対日直接投資は低い水準に あるのか

5.1　ベイズモデル平均化法と PPML

　第 4 章では，ベイズモデル平均化法により，実績値に近い予測値を得られることを確認した．ただし，ベイズモデル平均化法は対数線形の回帰式の結果であり，PPML の結果ではない．Santos Silva and Tenreyro (2006) が主張するように，PPML はゼロを考慮できるだけでなく，不均一分散を考慮する上でも有効である．さらに，Arvis and Shepherd (2013) は対数線形の回帰分析では予測値の総額と実績値の総額の間に差が生じてしまうこと，PPML ではその差が生じないことを明らかにしている．このため，Yotov et al. (2016, Chapter 1) が強調するように，推定自体は対数線形よりも PPML の方が信頼性が高いとされている．その一方，第 3 章で述べたように，多数の独立変数を含む非線形回帰の推定にベイズモデル平均化法を用いると，計算量が膨大になるため，非線形推定の PPML にベイズモデル平均化法を適用することは技術的に難しい．

　このような背景を踏まえ，ここでは次善の策として，対数線形のベイズモデル平均化法で選択された変数を PPML に用いることで，PPML の予測値を実績値に近づけられるかどうかを検証する．もし仮にベイズモデル平均化法で選択された変数が PPML の予測値を実績値に近づけることができるのであれば，それらの変数が対日直接投資の低さを

説明することを示唆していることになる.

　このような考えにもとづき，ここでは表4.2と表4.3の基礎的グラビティ変数とコントロール変数において，事後含有確率の高い変数，より具体的にはPIPが1と評価された変数を利用する．これらの変数を用いてPPMLによって推定したグラビティモデルをBMA-PPMLグラビティモデルと呼ぶことにする．

　BMA-PPMLグラビティモデルについて，第4章と同様に予測値を求めたのが図5.1である．この図より，BBML-PPMLグラビティモデルの予測値は，標準的な変数を用いたグラビティモデルの予測値よりも格段に実績値に近くなっていることがわかる．また，表5.1は表4.4と同様にRMSEを求めたものである．この表より，BMA-PPMLグラビティモデルのRMSEは標準的なPPMLグラビティモデルのRMSEよりも小さく，さらに表4.4のBMA対数線形グラビティモデルのRMSEよりも小さくなっていることがわかる．ベイズモデル平均化法で選択された変数によって，PPMLのグラビティモデルの予測が改善し，対日直接投資の低さをうまく説明できていることがわかる．

　ここで，コントロール変数を追加すればするほど予測値は実績値に近づくのではないかという疑問を持った方がいるかもしれない．もし全ての変数を入れたモデルでも対日直接投資のパターンを説明できるなら，わざわざベイズモデル平均化法を用いる意味はない．逆に，もし全ての変数を用いたグラビティモデルよりもベイズモデル平均化法を用いたモデルの方が予測精度が高いなら，ベイズモデル平均化を利用する意義があると言える．

　このような疑問に答えるため，図5.1は全ての変数を用いたPPMLグラビティモデルによる予測値も示している．この図より，全ての変数を利用したPPMLグラビティモデルは，逆に対日直接投資を過少に予測することが確認できる．事実，表5.1より，全ての変数を利用したRMSEよりもBMA-PPMLのRMSEの方が低いことが確認できる．

図5.1　実績値と予測値：ベイズモデル平均化法を利用した推定結果

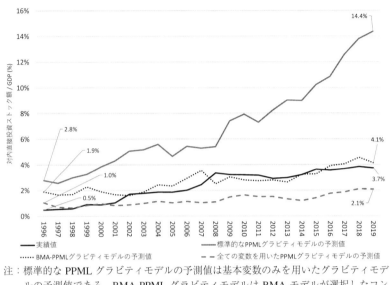

注：標準的な PPML グラビティモデルの予測値は基本変数のみを用いたグラビティモデ
　　ルの予測値である．BMA-PPML グラビティモデルは BMA モデルが選択したコン
　　トロール変数を用いた PPML グラビティモデルの推定結果である．
出所：データの出所については第 3 章を参照．

表5.1　RMSE：PPML グラビティモデル

グラビティモデル	RMSE
標準的な PPML	0.052
BMA-PPML	0.007
全ての変数を用いた PPML	0.014

注：標準的な PPML グラビティモデルの予測値と標準的な対数線形グラビティモデルの
　　予測値は基本変数のみを用いたグラビティモデルの予測値である．一方，BMA 対
　　数線形グラビティモデルの予測値は BMA モデルが選択したコントロール変数を用
　　いた対数線形グラビティモデルの推定結果である．
出所：データの出所については第 3 章を参照．

　このことは，変数を追加すればするほど予測精度が上がるというわけ
ではないことを意味しており，ベイズモデル平均化による手法が対日
直接投資の低さを説明する上で有効であることを示唆している．

5.2 予測値と実績値との差を縮める変数とは？

　本書のこれまでの分析により，ベイズモデル平均化法と PPML を組み合わせることで，PPML グラビティモデルの予測値と実績値の差が大きく縮まることがわかった．それでは，どの変数がこの差を縮めるのに寄与しているのだろうか．もし実績値と予測値の乖離の縮小に大きく寄与している変数が見つかれば，それは対日直接投資を低水準にとどめている要因となっている可能性がある．

　この疑問に答えるため，本節ではベイズモデル平均化法によって絞られたコントロール変数一つ一つに注目する．標準的な PPML グラビティモデルにそれぞれの変数を追加し，標準モデルと比べて RMSE がどのように変化するのかを確認する．具体的な分析の手順はこれまでと同様である．

1. これまでと同様に，推定はまず対日直接投資を除いたデータを標本内データとして用い，標準的な PPML グラビティモデルに変数を一つ追加して推定を行う．
2. 次に，対日直接投資のデータを標本外データとして用い，最初のステップで推定したパラメータをもとに予測値を得る．
3. 予測値を各年ごとに集計して，対日直接投資・GDP 比率の予測値と実績値を計算し，両者の差からサンプル期間全体の RMSE を計算する．

この分析を通じて，対日直接投資の予測値と実績値の差を縮小させるような変数を特定する．

　表 5.2 は上記のステップに従って RMSE を計算した結果である．標準的な PPML グラビティモデルにそれぞれの変数を追加し，RMSE の小さいものからまとめている．この表より，RMSE が特に小さいのは日本語

と英語の言語距離（$\mathrm{English}_j$），高齢者・若年者比率（$\mathrm{OldPopulation}_{jt}$），政府債務・GDP 比率（$\mathrm{DebtGDP}_{jt}$）の 3 つであることがわかる．これら 3 つの日本特有の問題が対日直接投資の低さを説明する要因となっていることを示唆している．

表 5.2　RMSE：変数ごとの結果

加える変数	RMSE	加える変数	RMSE
$\mathrm{English}_j$	0.011	ExVol_{ijt}	0.063
$\mathrm{OldPopulation}_{jt}$	0.035	$\mathrm{MarketPotential}_{jt}$	0.063
$\mathrm{DebtGDP}_{jt}$	0.035	FME_{jt}	0.063
FMD_{jt}	0.054	$\mathrm{LifeExpectancy}_{jt}$	0.064
FMA_{jt}	0.058	$\Delta \ln \mathrm{PGDP}_{jt}$	0.064
$\mathrm{Similarity}_{ijt}$	0.061	CU_{ijt}	0.064
$\Delta \ln \mathrm{GDP}_{it}$	0.062	$\ln \mathrm{PGDP}_{it}$	0.065
$\Delta \ln \mathrm{GDP}_{jt}$	0.062	RTA_{ijt}	0.069
$\Delta \ln \mathrm{PGDP}_{it}$	0.062	$\mathrm{Deflation}_{jt}$	0.078
$\mathrm{EmploymentProtect}_{jt}$	0.062		

注：標準的な PPML グラビティモデルにそれぞれ一つだけ変数を加えた場合の RMSE
　　を表している．変数は表 4.2 と表 4.3 の基礎的グラビティ変数とコントロール変数
　　において，PIP が 1 だったものから選んでいる．変数の並びは RMSE の小さい順で
　　ある．
出所：データの出所については第 3 章を参照．

　この結果にもとづき，これまでと同様に予測値と実績値の推移をまとめたのが図 5.2 である．この図より，日本語と英語の言語距離は期間を通じて予測値と実績値を近づける働きがあることがわかる．一方，高齢者・若年者比率と政府債務・GDP 比率は特に 2000 年代後半以降の予測値と実績値を近づける働きがあることも確認できる．

　これらの結果は何を意味しているのだろうか．日本語と英語との言語距離は，日本での英語でのコミュニケーションの難しさを示すものと言える．また，少子高齢化や巨額に累積した財政赤字は共に悪化の一途をたどる日本経済の根本的な問題である．本書の分析結果が正しいとすれば，これらの日本特有の問題が解消されない限り，対日直接投資の低さを改善するのは難しいということになる．言い換えれば，対

図 5.2　実績値と予測値：英語，高齢者・若年者比率，政府債務・GDP 比率

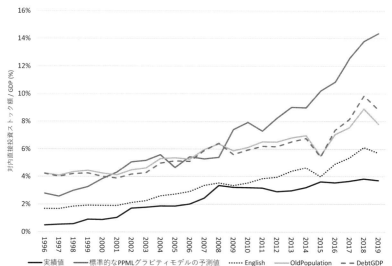

注：標準的な PPML グラビティモデルの予測値は基本変数のみを用いたグラビティモデ
　　ルの予測値である．English，OldPopulation，DebtGDP はそれぞれ標準的な PPML
　　グラビティモデルに英語との言語距離，高齢者・若年者比率，政府債務・GDP 比率
　　をそれぞれ一つずつ加えた時の予測値である．
出所：データの出所については第 3 章を参照．

日直接投資を拡大していくためには，英語能力の低さ，少子高齢化，累
積する財政赤字といった日本経済そのものが抱える本質的な問題を解
消していく必要がある．

第6章　まとめ

　世界的にも低い対日直接投資の現状を踏まえ，本書は，次の2つの疑問を明らかにしようと試みたものである.

　1. 対日直接投資のパターンは他国と大きく異なるのか.

　2. なぜ対日直接投資は低い水準にあるのか.

これらの疑問に答えるため，1996年から2019年の計24年の200か国からOECD諸国に対する投資のデータをもとに，国際経済学のグラビティモデルの推定を行った. 本書の分析の新規性は，グラビティモデルの推定に当たってベイズモデル平均化法という手法を適用としたことにある. ベイズモデル平均化法とは，ベイズの定理にもとづき，モデルから得られるパラメータを加重平均して求めようとする手法であり，説明変数の選択に伴う不確実性を考慮しようとするものである. このベイズモデル平均化法を用いた理由は，まさにグラビティモデルで用いられている変数選択の不確実性を考慮することにあった.

　これまでの多くのグラビティモデルの分析では，分析で追加される付加的な変数，すなわちコントロール変数についてほとんど議論されておらず，その選択は分析者の主観に委ねられており，変数選択の不確実性は考慮されていなかった. 本書では，データの利用可能な変数をできる限り収集し，変数の選択はベイズモデル平均化法に委ねることで，コントロール変数の選択に伴う不確実性の除去を試み，現在のOECD諸国の対内直接投資を説明する有力な変数の特定を試みた.

　第一の疑問を明らかにするため，本書では機械学習で用いられている方法を踏襲した. 具体的には，日本以外への直接投資を標本内デー

タ，日本への直接投資を標本外データとし，まず標本内データをもと
に，グラビティモデルの推定を行った．その際，ベイズモデル平均化
法によって変数を選択し，グラビティモデルのパラメータを得た．

　次に，この選択された変数の組み合わせとパラメータをもとに，標
本外データ，すなわち対日直接投資のデータを用いて対日直接投資の
予測を試みた．もし仮に対日直接投資のパターンが他国と大きく異な
るのであれば，標本内データをもとに推定したグラビティモデルでは
対日直接投資の予測は困難なはずである．しかし，分析の結果，ベイ
ズモデル平均化によって変数を選択すれば，標本内データをもとにし
たグラビティモデルの予測値が実際の対日直接投資に近づくことが明
らかになった．これは，コントロール変数を適切に選択すれば，対日直
接投資のパターンは他国と同様に説明できることを意味している．つ
まり，対日直接投資のパターンは他国と大きく異なるものではない．

　それでは，対日直接投資のパターンが他国と大きく異ならないとす
れば，なぜ対日直接投資は低い水準にあるのだろうか．この疑問に答え
るため，本書ではベイズモデル平均化法によって選択された変数のう
ちどの変数が予測値と実績値を大幅に低下させるのかを分析した．分
析の結果，対日直接投資の低さを説明するのは次の 3 つの要因である
ことが明らかになった．すなわち，日本語と英語の言語距離，高齢者・
若年者比率，政府債務・GDP 比率である．

　日本語と英語の言語距離は日本での英語のコミュニケーションの難
しさを意味している．言語の距離は変化させることはできないが，英
語でビジネスが可能な人材の育成は可能だろう．それと同時に翻訳機
器の機能向上といったことも有効かもしれない．また，対日直接投資
とは視点が異なるが，そもそも企業が日本国内に投資をしない理由と
して，急速な少子高齢化の進展や巨額に累積した財政赤字が指摘され
てきた (福田, 2017)．日本企業が投資をしないところに外資系企業が活
発に投資をすることが考えにくいとすれば，本書の結果に驚きはない

かもしれない．しかし，定量的な分析を通じて，これらの主張に一定の科学的根拠を与えたことが本書の新しさであり貢献と言える．

　本書の分析結果が正しいとすれば，これらの日本特有の問題が解消されない限り，対日直接投資の低さを改善するのは難しいということになる．もちろん，日本経済の抱える課題は対日直接投資だけではない．しかし，課題解決のために，財政赤字をさらに拡大したり，少子化対策を犠牲にすることに，本書の結果は警鐘を鳴らすものである．

　現在，政府では対日直接投資拡大のために様々な取り組みが議論されている．これらの取り組みは日本のビジネス環境の改善に資するものである．対日直接投資を拡大するための踏み台となりうるものである．こういった取り組みを無駄にしないためにも，これまで日本経済・社会が抱えてきた根本的な問題である英語能力の向上，少子高齢化の抑制，そして財政赤字の削減が望まれる．

　もちろん，本書の分析には課題もある．第一に，コントロール変数が必ずしも多いとは言えない点である．本書の分析では，サンプルサイズを十分に確保できるように，分析対象国について，分析期間を通じて利用可能な変数を利用している．しかし，本書で用いている変数の他にも重要な変数が利用可能かもしれない．

　第二に，やや技術的だが，ベイズモデル平均化法をポワソン疑似最尤推定（PPML）に直接用いるのではなく，ハイパボリックサイン変換した対数線形回帰に用いている点である．計算上の難しさから，本書ではこのような方法を採用しているが，厳密には，ハイパボリックサイン変換した対数線形回帰と PPML では，ベイズモデル平均化で選択される変数が変わってくるかもしれない．ポワソン疑似最尤推定の枠組みの中で変数選択が行われることが理想である．このような課題に対処するため，本書の分析と並行して，著者は機械学習にもとづくグ

ラビティモデルの分析を進めている (Kiyota, 2022)[53]．そして暫定的な分析では，機械学習の方法でも本書と同様の結果を得ている．このため，本書の主要な主張はベイズモデル平均化の方法か機械学習の方法かにかかわらず成立するものだと言えるが，この詳細についてはまた稿を改めて詳しく紹介したい．

---

[53] ベイズモデル平均化，機械学習の Lasso はともに変数の選択（モデル選択）に用いられる点では共通しているが，両者は概念においても方法において異なるものであり，それぞれ長所と短所がある．この詳細については，Porwal and Raftery (2022) を参照して欲しい．

参考文献

Aisbett, Emma, Matthias Busse, and Peter Nunnenkamp (2018) "Bilateral Investment Treaties as Deterrents of Host-country Discretion: The Impact of Investor-state Disputes on Foreign Direct Investment in Developing Countries," *Review of World Economics*, Vol. 154, pp. 119–155.

Albuquerque, Rui (2003) "The Composition of International Capital Flows: Risk Sharing through Foreign Direct Investment," *Journal of International Economics*, Vol. 61, pp. 353–383.

Anderson, James E. and Eric van Wincoop (2003) "Gravity with Gravitas: A Solution to the Border Puzzle," *American Economic Review*, Vol. 93, pp. 170–192.

Anderson, Simon P., André de Palma, and Jacques-François Thisse (1992) *Discrete Choice Theory of Product Differentiation*: MIT Press.

Arvis, Jean-François and Ben Shepherd (2013) "The Poisson Quasi-Maximum Likelihood Estimator: A Solution to the 'Adding Up' Problem in Gravity Models," *Applied Economics Letters*, Vol. 20, pp. 515–519.

Baldwin, Richard and James Harrigan (2011) "Zeros, Quality, and Space: Trade Theory and Trade Evidence," *American Economic Journal: Microeconomics*, Vol. 3, pp. 60–88.

Barro, Robert J. (1997) *Determinants of Economic Growth: A Cross-Country Empirical Study*: MIT Press.

Benkovskis, Konstantins, Benjamin Bluhm, Elena Bobeica, Chiara Osbat, and Stefan Zeugner (2020) "What Drives Export Market Shares? It Depends! An Empirical Analysis Using Bayesian Model Averaging," *Empirical Economics*, Vol. 59, pp. 817–869.

Blonigen, Bruce A. (2005) "A Review of the Empirical Literature on FDI Determinants," *Atlantic Economic Journal*, Vol. 33, pp. 383–403.

Blonigen, Bruce A. and Jeremy Piger (2014) "Determinants of Foreign Direct Investment," *Canadian Journal of Economics*, Vol. 47, pp. 775–812.

Bloom, David E., David Canning, and Günther Fink (2010) "Implications of Population Ageing for Economic Growth," *Oxford Review of Economic Policy*, Vol. 26, pp. 583–612.

Camarero, Mariam, Sergi Moliner, and Cecilio Tamarit (2021a) "Is There a Euro Effect in the Drivers of US FDI? New Evidence Using Bayesian Model Averaging Techniques," *Review of World Economics*, Vol. 157, pp. 881–926.

———(2021b) "Japan's FDI Drivers in a Time of Financial Uncertainty: New Evidence based on Bayesian Model Averaging," *Japan and the World Economy*, Vol. 57, p. 101058.

Camarero, Mariam, Laura Montolio, and Cecilio Tamarit (2022) "Explaining German Outward FDI in the EU: A Reassessment Using Bayesian Model Averaging and GLM Estimators," *Empirical Economics*, Vol. 62, pp. 487–511.

Canh, Nguyen Phuc, Nguyen Thanh Binh, Su Dinh Thanh, and Christophe Schnickus (2020) "Determinants of Foreign Direct Investment Inflows: The Role of Economic Policy Uncertainty," *International Economics*, Vol. 161, pp. 159–172.

Checherita-Westphal, Cristina and Philipp Rother (2012) "The Impact of High Government Debt on Economic Growth and Its Channels: An

Empirical Investigation for the Euro Area," *European Economic Review*, Vol. 56, pp. 1392–1405.

Conte, Maddalena, Pierre Cotterlaz, and Thierry Mayer (2021) "The CEPII Gravity Database," Documentation, The Centre d'Études Prospectives et d'Informations Internationales (CEPII).

Damgaard, Jannick, Thomas Elkjaer, and Niels Johannsen (2019) "What Is Real and What Is Not in the Global FDI Network," IMF Working Paper, WP/19/274, International Monetary Fund.

de Sousa, José and Julie Lochard (2011) "Does the Single Currency Affect Foreign Direct Investment?" *Scandinavian Journal of Economics*, Vol. 113, pp. 553–578.

Dewit, Gerda, Holger Görg, and Catia Montagna (2009) "Should I Stay or Should I Go? Foreign Direct Investment, Employment Protection and Domestic Anchorage," *Review of World Economics*, Vol. 145, pp. 93–110.

Disdier, Anne-Célia and Thierry Mayer (2007) "Je t'aime, moi non plus: Bilateral Opinions and International Trade," *European Journal of Political Economy*, Vol. 23, pp. 1140–1159.

Eicher, Theo S., Lindy Helfman, and Alex Lenkoski (2012) "Robust FDI Determinants: Bayesian Model Averaging in the Presence of Selection Bias," *Journal of Macroeconomics*, Vol. 34, pp. 637–651.

Frenkel, Michael and Benedikt Walter (2019) "Do Bilateral Investment Treaties Attract Foreign Direct Investment? The Role of International Dispute Settlement Provisions," *The World Economy*, Vol. 42, pp. 1316–1342.

Fujii, Eiji (2019) "What Does Trade Openness Measure?" *Oxford Bulletin of Economics and Statistics*, Vol. 81, pp. 868–888.

Fukao, Kyoji, Keiko Ito, and Hyeog Ug Kwon (2005) "Do Out-In M&As

Bring Higher TFP to Japan? An Empirical Analysis Based on Micro-data on Japanese Manufacturing Firms," *Journal of the Japanese and International Economies*, Vol. 19, pp. 272–301.

Fukao, Kyoji, Keiko Ito, Hyeog Ug Kwon, and Miho Takizawa (2008) "Cross-border Acquisitions and Target Firms' Performance: Evidence from Japanese Firm-level Data," in Ito, Takatoshi and Andrew K. Rose eds. *International Financial Issues in the Pacific Rim: Global Imbalances, Financial Liberalization, and Exchange Rate Policy, NBER-EASE Volume 17*: University of Chicago Press and NBER, pp. 347–389.

Fukao, Kyoji and Yukako Murakami (2005) "Do Foreign Firms Bring Greater Total Factor Productivity to Japan?" *Journal of the Asia Pacific Economy*, Vol. 10.

Goldstein, Itay and Assaf Razin (2006) "An Information-based Trade Off between Foreign Direct Investment and Foreign Portfolio Investment," *Journal of International Economics*, Vol. 70, pp. 271–295.

Hallak, Juan Carlos (2010) "A Product-quality View of the Linder Hypothesis," *Review of Economics and Statistics*, Vol. 92, pp. 453–466.

Head, Keith and Thierry Mayer (2015) "Gravity Equations: Workhorse, Toolkit, and Cookbook," in Gopinath, Gita, Elhanan Helpman, and Kenneth Rogoff eds. *Handbook of Intternational Economics*, Vol. 4: Elsevier B.V. pp. 131–195.

Head, Keith and John Ries (2005) "Judging Japan's FDI: The Verdict from A Dartboard Model," *Journal of the Japanese and International Economies*, Vol. 19, pp. 215–232.

———(2008) "FDI As An Outcome of the Market for Corporate Control: Theory and Evidence," *Journal of International Economics*, Vol. 74, pp. 2–20.

Hejazi, Walid and Juan Ma (2011) "Gravity, the English Language and International Business," *Multinational Business Review*, Vol. 19, pp. 152–167.

Hoshi, Takeo and Kozo Kiyota (2019) "Potential for Inward Foreign Direct Investment in Japan," *Journal of the Japanese and International Economies*, Vol. 52, pp. 32–52.

Iamsiraroj, Sasi (2016) "The Foreign Direct Investment–Economic Growth Nexus," *International Review of Economics and Finance*, Vol. 42, pp. 116–133.

Kimino, Satomi, David S. Saal, and Nigel Driffield (2007) "Macro Determinants of FDI Inflows to Japan: An Analysis of Source Country Characteristics," *The World Economy*, Vol. 30, pp. 446–469.

Kimura, Fukunari and Takamune Fujii (2003) "Globalizing Activities and the Rate of Survival: Panel Data Analysis on Japanese Firms," *Journal of the Japanese and International Economies*, Vol. 17, pp. 538–560.

Kimura, Fukunari and Kozo Kiyota (2007) "Foreign-owned versus Domestically-owned Firms: Economic Performance in Japan," *Review of Development Economics*, Vol. 11, pp. 31–48.

Kiyota, Kozo (2022) "Why Inward FDI is So Low in Japan? An Insight from Machine Learning," A Paper Presented at the 81st Annual Meeting of the Japan Society of International Economics.

Kiyota, Kozo, Toshiyuki Matsuura, and Shujiro Urata (2008) "Exchange Rate Volatility and MNCs' Production and Distribution Networks: The Case of Japanese Manufacturing MNCs," *Singapore Economic Review*, Vol. 53, pp. 523–538.

Kiyota, Kozo and Shujiro Urata (2004) "Exchange Rate, Exchange Rate Volatility and Foreign Direct Investment," *The World Economy*, Vol.

27, pp. 1501–1536.

Kleinert, Jörn and Farid Toubal (2010) "Gravity for FDI," *Review of International Economics*, Vol. 18, pp. 1–13.

Lawrence, Robert Z. (1993) "Japan's Low Levels of Inward Investment: The Role of Inhibitions on Acquisitions," in Froot, Kenneth A. ed. *Foreign Direct Investment*: University of Chicago Press and NBER, pp. 85–107.

Melitz, Jacques and Farid Toubal (2014) "Native Language, Spoken Language, Translation and Trade," *Journal of International Economics*, Vol. 93, pp. 351–363.

Nakamura, Koji, Sohei Kaihatsu, and Tomoyuki Yagi (2019) "Productivity Improvement and Economic Growth: Lessons from Japan," *Economic Analysis and Policy*, Vol. 62, pp. 57–79.

Olney, William W. (2013) "A Race to Bottom? Employment Protection and Foreign Direct Investment," *Journal of International Economics*, Vol. 91, pp. 191–203.

Panizza, Ugo and Andrea F. Presbitero (2014) "Public Debt and Economic Growth: Is There a Causal Effect?" *Journal of Macroeconomics*, Vol. 41, pp. 21–41.

Pence, Karen M. (2006) "The Role of Wealth Transformations: An Application to Estimating the Effect of Tax Incentives on Saving," *Contributions in Economic Analysis and Policy*, Vol. 5, p. Article 20.

Porwal, Anupreet and Adrian E. Raftery (2022) "Comparing Methods for Statistical Inference with Model Uncertainty," *Proceedings of the National Academy of Sciences*, 119: e2120737119.

Pöyhönen, Pentti (1963) "A Tentative Model for the Volume of Trade between Countries," *Weltwirtschaftliches Archiv*, Vol. 90, pp. 93–100.

Ravenstein, E. G. (1885) "The Laws of Migration," *Journal of the Statisti-*

cal Society of London, Vol. 48, pp. 167–235.

Sala-i-Martin, Xavier, Gernot Doppelhofer, and Ronald I. Miller (2004) "Determinants of Long-Term Growth: A Bayesian Averaging of Classical Estimates (BACE) Approach," *American Economic Review*, Vol. 94, pp. 813–835.

Salotti, Simone and Carmine Trecroci (2016) "The Impact of Government Debt, Expenditure and Taxes on Aggregate Investment and Productivity Growth," *Economica*, Vol. 83, pp. 356–384.

Santos Silva, J.M.C. and Silvana Tenreyro (2006) "The Log of Gravity," *Review of Economics and Statistics*, Vol. 88, pp. 641–658.

Schmeiser, Katherine N. (2013) "The Firm Export and FDI Choice in the Context of Gravity," *International Review of Economics and Finance*, Vol. 27, pp. 592–596.

Svirydzenka, Katsiaryna (2016) "Introducing a New Broad-based Index of Financial Development," IMF Working Paper, WP/16/5, International Monetary Fund.

Tinbergen, Jan (1962) *Shaping the World Economy: Suggestions for an International Economic Policy*: The Twentith Century Fund.

UNCTAD (2021) *UNCTAD Stat*: UNCTAD (United Nations Conference on Trade and Development).

Weinstein, David (1996) "Structural Impediments to Investment in Japan: What Have We Learned Over the Last 450 Years?" in Yoshitomi, Masaru and Edward M. Graham eds. *Foreign Direct Investment in Japan*: Edward Elgar, pp. 136–172.

Yotov, Yoto V., Roberta Piermartini, José-Antonio Monteiro, and Mario Larch (2016) *An Advanced Guide to Trade Policy Analysis: The Structural Gravity Model*: UNCTAD and WTO (World Trade Organization).

Zeugner, Stefan and Martin Feldkircher (2015) "Bayesian Model Averaging Employing Fixed and Flexible Priors: The BMS Package for R," *Journal of Statistical Software*, Vol. 68, pp. 1–37.

伊藤恵子・深尾京司 (2003)「対日直接投資の実態：『事業所・企業統計調査』個票データにもとづく実証分析」，岩田一政（編）『日本の通商政策と WTO』，日本経済新聞社，187–229 頁.

カッツ・リチャード (2021)「日本は「北朝鮮より下の 196 位」というヤバい実態：日本の対内直接投資はなぜこんなに低いのか」，東洋経済 ONLINE.

木村福成・清田耕造 (2003)「日本企業における外資比率と企業経営：パネル・データを用いた実証研究」，花崎正晴・寺西重郎（編）『コーポレート・ガバナンスの経済分析：変革期の日本と金融危機後の東アジア』，東京大学出版会，159–181 頁.

清田耕造 (2015)『拡大する直接投資と日本企業』，NTT 出版.

清田耕造・神事直人 (2017)『実証から学ぶ国際経済』，有斐閣.

経済産業省貿易経済協力局投資促進課 (2023)『対日 M&A 活用に関する事例集：海外資本を活用して，企業変革・経営改善・飛躍的成長につなげた日本企業のケーススタディ』，経済産業省.

権赫旭・伊藤恵子・深尾京司 (2007)「外資系事業所の退出と雇用成長—『事業所・企業統計調査』に基づく実証分析—」，『経済分析』，第 179 巻，1–35 頁.

財務省 (2021a)『対外・対内直接投資（地域別・業種別)』，財務省.

——— (2021b)『本邦対外資産負債残高』，財務省.

滝澤美帆 (2020)「産業別労働生産性水準の国際比較～米国及び欧州各国との比較～」，『生産性レポート』，第 13 巻，1–14 頁.

内閣府 (2021)『国民経済計算』，内閣府.

中妻照雄 (2007)『入門ベイズ統計学』，朝倉書店.

深尾京司 (2012)『「失われた 20 年」と日本経済：構造的原因と再生へ

の原動力の解明』，日本経済新聞社.

深尾京司・天野倫文 (2004) 『対日直接投資と日本経済』，日本経済新聞社.

深尾京司・池内健太・金榮愨・権赫旭 (2019)「企業貯蓄の源泉と使途に関する実証分析：ノンテクニカルサマリー」，経済産業研究所.

深尾京司・池内健太・滝澤美帆 (2018)「質を調整した日米サービス産業の労働生産性水準比較」，『生産性レポート』，第 6 巻，1–8 頁.

深尾京司・権赫旭 (2012)「どのような企業が雇用を生み出しているか——事業所・企業統計調査ミクロデータによる実証分析——」，『経済研究』，第 63 巻，70–93 頁.

福田慎一 (2017)「企業の資金余剰と現預金の保有行動」，『フィナンシャルレビュー』，第 29 巻，3–26 頁.

星岳雄 (2021)「経済教室（2021 年 5 月 13 日）」，『日本経済新聞』，31 頁.

増田耕太郎 (2015)「対日直接投資〜低い水準にある背景と改善するための課題〜（回顧と展望）」，『国際貿易と投資』，第 100 巻，32–46 頁.

森川正之 (2019)「経済教室（2019 年 3 月 5 日）」，『日本経済新聞』，33 頁.

山ノ内健太 (2017)『日本の自由貿易協定（FTA）の貿易創出効果』，公益財団法人 三菱経済研究所.

山本勲・黒田祥子 (2014)『労働時間の経済分析：超高齢化社会の働き方を展望する』，日本経済新聞社.

渡邉翔 (2021)「外資企業の参入と日本の上場製造企業の生産性——事業所別，都道府県別，産業内スピルオーバーの分析——」，『国際経済』，第 72 巻，161–194 頁.

著者紹介

清田　耕造

1996 年　慶應義塾大学経済学部卒業

2001 年　慶應義塾大学大学院経済学研究科博士課程
　　　　　単位取得退学

2002 年　慶應義塾大学博士（経済学）取得

現在　　慶應義塾大学産業研究所教授

元．三菱経済研究所兼務研究員

対日直接投資はなぜ世界で最も低水準なのか
―ベイズモデル平均化法による考察―

2023 年 8 月 25 日　発行

定価　本体 1,500 円＋税

著　　者　　清　田　耕　造
　　　　　　キヨ　タ　コウ　ゾウ

発 行 所　　公益財団法人　三菱経済研究所
　　　　　　東 京 都 文 京 区 湯 島 4-10-14
　　　　　　〒 113-0034 電話 (03)5802-8670

印 刷 所　　株式会社　国　際　文　献　社
　　　　　　東 京 都 新 宿 区 山 吹 町 332-6
　　　　　　〒 162-0801 電話 (03)6824-9362

ISBN 978-4-943852-94-0